JAHRHUNDERTBUCH

100 Jahre in einem Buch,
100 Geschichten und dazu
100 Seiten mit Bildern des Jahres,

100 Jahre in einem Kaleidoskop,
100 Blicke zurück
    auf dem Weg nach vorn,
100 Zeitpunkte,
    in der Vergangenheit gesammelt,

100 Erinnerungen,
    für die Zukunft festgehalten,
100 Bogen, gespannt von der
    Kultur bis zum Sport,
100 Geschichten, die eine Geschichte
    dieser Region ergeben,

100 Jahre vor dem Aufbruch
    in ein neues Jahrtausend

1000

*Irgendwann beginnt unsere Geschichte. Vielleicht hier,
als nur die Wälder die Berge deckten,* Miriquidi *nannte
Bischof Thiemar von Merseburg diese so scheinbar welt-
ferne Gegend der Wälder und Flüsse. Und dann kamen*

1100

sie, die Ritter, die Bauern, es wurden Burgen errichtet zum Schutz der Rodungen, der Wege, wie am alten böhmischen Steig. Damals entstand der hohe Bergfried von Schloss Wildeck, der Dicke Heinrich *bei Zschopau.*

4

1200

*In den Siedlungen wuchsen Kirchen, Kunst und Bauen
verknüpften sich: die große Zeit der Romanik hat nun
ihre Spuren hinterlassen. Im Freiberger Dom die schöne*
Goldene Pforte, *sie ist ein Zeugnis dafür. Und wieder*

1300

ein Jahrhundert später. Handwerker regten sich. Unter-
halb des Schlossberges *in Chemnitz wirkten und werk-*
ten die Tuchmacher. Mit dem Bleichprivileg von 1357
verlor sich das Mittelalter. Begann hier eine neue Zeit.

1400

Hammerwerke wie der Frohnauer Hammer *entstan-*
den. Das Erz wurde verarbeitet, das aus den Schächten
kam. Was an Reichtum wuchs, es gab dem Gebirge
seinen Namen; Erzgebirge. Bis in unsere Zeit lebte der

1500

Bergbau. Seine frühe Geschichte erzählt der berühmte
Bergaltar *Hans Hesses zu St. Annen in Annaberg. Kunst
ist der Spiegel des Lebens, auch im hohen spätgotischen
Kirchenbau, in den Bildern und Plastiken. Im benachbar-*

1600

*ten Vogtland brachten Exulanten aus Böhmen die alten
Täler zum Klingen. Der heutige* Musikwinkel *begann
zu leben, die Geigen wisperten, die Trompeten riefen,
Handwerkerfleiß und Musik kamen zusammen. – Aber die*

1700

einen lebten im Dunkel, die anderen lebten im Licht.
Immer wieder stand man auf gegen Ungerechtigkeit und
Willkür, auch am Schloss Scharfenstein, *der Lebens-*
welt des Volkshelden Karl Stülpner. Zum Land gehören

ARIENQUELLE

1800

die Wasser, die Flüsse, die Quellen. Längst hatte man die Heilwirkungen entdeckt. Es entstanden die Kurorte wie Bad Elster *im Vogtländischen. Und die Brunnen scheinen unerschöpflich. – Über Jahrhunderte zogen Kriege*

11

1900

übers Land. Städte fielen in Schutt und Asche, Plauen
*1945, das neu erstand, eine Wegmarke zwischen Krieg
und Frieden. Deshalb, am Ende des Jahrtausends, steht
eine Brücke. Sie verbindet die lange getrennten Lande,*

200

auch die Vergangenheit mit der Zukunft: die Autobahn-brücke Pirk. *Und wie am Anfang unserer Geschichte: Die Zukunft liegt im Dunkel, aber Brücken wie diese sind uns an der Jahrtausendwende Bild und Hoffnung.*

Das JAHRHUNDERT BUCH

1900 2000

Bilder und
Geschichten aus
Chemnitz,
dem Erzgebirge,
Vogtland
und Muldental

Chemnitzer Verlag

Herausgeber:
Ulrich Hammerschmidt,
Ingrid Mössinger,
Dr. Gerd Richter,
Dr. Thomas Schuler,
Johannes Schulze,
Dieter Soika,
Dr. Klaus Walther

Redaktion:
Eberhard Bräunlich,
Reinhold Lindner,
Dr. Klaus Walther (Leitung)

Gestaltung:
Dieter Kannegießer

© 1999 Chemnitzer Verlag und Druck GmbH
5. Auflage, Dezember 1999
Produktion: Westermann Druck Zwickau GmbH
ISBN 3-928678-54-X

1900 Plauen ist Spitze   **1901** „…denke an mein teures Zwickau"   **1902** Kater Lampe wird geboren

1903 Vater und Sohn   **1904** Entdecker des Germaniums   **1905** Esche-Villa – das Jahrhundert im Bau

1906 Wie man Zopf und Hut verliert   **1907** Der „13." hatte es in sich   **1908** Letzte Lok per Pferd   **1909** Theater für den König

1910 Irrweg eines Bildes der Zeiten   **1911** Fahrt-Gedanken   **1912** Old Shatterhand gestorben

1913 Ende des Silberbergbaus in Freiberg   **1914** Der Wasserprozess   **1915** Engel und Blumenkinder

1916 Geld wurde immer knapper   **1917** Weinhold erfand die Thermosflasche

1918 Ein Plauener Mahnmal   **1919** Wirkungen der Novemberrevolution   **1920** Max Hoelz im Vogtland

1921 Schwarzer Tag für Oelsnitz   **1922** Anton Günthers Traum   **1923** Weltreisender aus dem Gebirge

1924 Millionen Milliardäre   **1925** Ein unvergessener Mann   **1926** Reisen in die Welt   **1927** Und indes die Zeit vergeht…

1928 Eine Höhle wird entdeckt   **1929** Der Tonfilm setzt sich durch   **1930** Das Sehen und das Kaufen

1931 Das neue Museum   **1932** Geburtsstunde von FEWA   **1933** Wie man mit Kunst umging

1934 Symbol der Weihnachtszeit   **1935** Pfiffige Chemnitzer   **1936** Reichsautobahn im Chemnitzer Raum

1937 Grand Prix für „Elbeo"   **1938** Die Zerstörung der Synagoge   **1939** Hitlers „entweder, oder …"   **1940** Krieg als Inszenierung

1941 Der Kinoerzähler   **1942** 25 Häuser in Schutt und Asche   **1943** Für das Notwendige gestorben

1944 Buchheim „Das Boot"   **1945** Freie Republik Schwarzenberg   **1946** Das neue Bergkgeschrey

1947 Wärmestube und Tauschzentrale   **1948** Kunsthonig und „Freie Läden"   **1949** An einem Freitag 1949

1950 480 000 auf dem Sachsenring   **1951** Tag des Lehrers – eine Erinnerung   **1952** Unvergesslicher Hochzeitstag

1953 17. Juni 1953   **1954** Ein Jahrhundert-Hochwasser   **1955** Pressefest – immer einmalig   **1956** Ein neuer „Fisch" wird geboren

1957 Am Himmel über dem Vogtland   **1958** Der Schnitzer Emil Teubner   **1959** Die Legende auf Rädern lebt

1960 Die letzte Schicht   **1961** Chemnitz mit neuer City   **1962** Vater der sächsischen Ornithologie

1963 Die Erfindung aus Limbach   **1964** Dorf versinkt im Wasser   **1965** „Ruß-Chamtz" wird achthundert

1966 Das waren wunderbare Zeiten   **1967** Erler, Vogel, Feister …   **1968** Heißer Sommer nach dem Frühling

1969 Das Siegen lernen   **1970** Zwei Monate in einem Jahr   **1971** Warum den Kopf kürzen?

1972 Durch Zufall die Katastrophe überlebt   **1973** Spur der Neubau-Steine   **1974** Mit „Sommergäste" begann es

1975 So klingt's im Musikwinkel   **1976** Star aus Schwarzenberg   **1977** Gründung Clara Mosch   **1978** Ein Vogtländer im All

1979 Der Vater der Postmeilensäulen   **1980** Wiedereröffnung Schauspielhaus   **1981** Zauberer im Berg

1982 Schwerter zu Pflugscharen   **1983** In der Heimat bleibt Ehrung aus   **1984** Hilfe für einen Überlebenskünstler

1985 Ein Tempel für die Mormonen   **1986** Der Weg zur feinen Universität   **1987** Bücher, Autoren, Leser

1988 Ruhe vor dem Sturm   **1989** Plauenern platzt der Kragen   **1990** Die D-Mark ist da   **1991** Die Silberstraße

1992 Aktion mit Wirkung   **1993** Abzug der Russen   **1994** Das Agricola-Jahr   **1995** Aus Mosel kommen Volkswagen

1996 Das Fest der Feste in St. Wolfgang   **1997** Sieben neue Brücken   **1998** Stadt der Einkaufscenter

1999 Expo-Projekt auf Schienen   **2000** Statt eines Nachwortes

1900

Plauen ist Spitze

Das fängt ja gut an, dieses Jahrhundert. Elf Textilfabrikanten aus dem Vogtland erhalten am 18. August 1900 vom Präsidenten der Französischen Republik zur Weltausstellung in Paris den Grand Prix für ihre Produkte. Emile Loubet, den Staatsmann von damals, verzeichnet heute selbst der dicke Brockhaus nicht mehr. Und sähe man ihn auf einem Foto, wie er gerade das „Wunder der Plauener Musterung" bestaunt, dann würde man sich heute fragen: Wer ist dieser Monsieur, der unbekannte Mann neben der bekannten Plauener Spitze? Präsidenten vergehen, sie blieb bestehen...

Porzellan – das ist Meißen, und Bier – das ist München, und Plauen ist eben Spitze. Sie ist ein Markenartikel, den man weltweit kennt, von dessen Weltruf ebenso Stadt und Region profitieren, ein Image prägen, Identität. Plauen ist Spitze: Das weiß man bis heute von Asien bis nach Amerika. Bereits vor dem zweiten Weltkrieg gingen zwei Drittel der vogtländischen Spitzen-Produkte ins Ausland.

Aus einer Kleinstadt mit einst etwa 26 000 Seelen war in den zwanziger Jahren eine pulsierende Großstadt geworden, um mehr als 100 000 Einwohner ist sie gewachsen. Stolz nennt sich Plauen heute noch die Vogtland-Metropole. Und tatsächlich: Die Baukultur und Stadtarchitektur, die in den Jahrzehnten um die Jahrhundertwende das Gesicht Plauens prägten, hatten die Metropolen Europas zum Vorbild. Plauener Spitze ging in alle Welt, und ein Stück weite Welt kehrte damit auch in Plauen ein. Die „Dentelles de Sachse" wurden selbst in der Spitzen-Stadt Brüssel zum Begriff, als es 1880 gelang, erstmals maschinell Tüllspitze herzustellen – eine Weltneuheit, eine Innovation.

An rund 16 000 Stickmaschinen wurde 1922 gearbeitet, als die Spitzen-Produktion trotz einiger Rückschläge den Zenit ihrer Blütezeit erlebte. Aus Plauen kam also Masse, aber vor allem auch Klasse. Und nur die war verantwortlich dafür, dass die Spitze aus Plauen, Sachsen, zur Plauener Spitze avancierte, zum unverwechselbaren Markenartikel – made im Vogtland.

Bereits ein halbes Jahrhundert zuvor hatte man dafür den Grundstein gelegt, 1877 wurde eine kunstgewerbliche Fachzeichenschule gegründet, die spätere „Kunstschule für Textilindustrie zu Plauen". Denn man hatte in der Stadt erkannt: Qualität braucht solides Handwerk und basiert zudem auf der Kunst, etwas anders zu sein als die anderen, in Serie zu gehen und doch Individualität zu zeigen – heute heißt das: Design.

Spitze ließ sich überall produzieren, das „Wunder der Musterung" dagegen machten nur die Plauener Zauber-Künstler möglich. Masse und Klasse auf einen Nenner zu bringen: Darin liegt das Geheimnis des Erfolgs, ein unternehmerisches Konzept, das Zukunft hat, auch heute noch. Damit war man im Vogtland seiner Zeit weit voraus. Plauen ist eben Spitze, nach wie vor. Das nächste Jahrhundert kann beginnen.

Ulrich Hammerschmidt

CHRONIK

Im Deutschen Reich leben 56 Millionen Menschen

Ein Prozent der Betriebe haben eine Arbeitszeit von unter neun, 8,4 Prozent von zwölf Stunden und mehr

Graf von Zeppelin steigt am Bodensee erstmals mit seinem Luftschiff auf

Der Deutsche Fußballbund wird als Verband des deutschen Reiches in Leipzig gegründet

Auf der Schneekoppe und der Zugspitze werden Wetterstationen eröffnet

Eröffnung der Eisenbahnlinie Zwönitz – Grünhain – Elterlein

Frédéric Joliot Curie geboren. Der französische Kernphysiker und Nobelpreisträger verstarb 1958

18

Grand Prix.
Drei Goldene Medaillen.
Drei Silberne Medaillen.

F. G. Baumann
Fritz Bergmann
Wilhelm Berkling
C. R. Eichhorn
Sophie Erbert

Plauen i. V.

Falkensteiner Gardinen-Weberei und Bleicherei,
   Actien-Gesellschaft, vorm. Georg Thorey, Falkenstein i. V.

Klemm & Steger, Plauen i. V.

Oertel & Co., Falkenstein i. V.

Walther Poppitz
Gebrüder Schindler
Schrage & Rössing
Johannes Singer
Unger & Eckardt
Voigtländer & Kesser
Wilhelm Weindler & Co.
J. Wild-Mammen & Co.
J. & P. Wolf

Plauen i. V.

G. H. Jahn, Plauen i. V., ausser Wettbewerb.

*Spitzenerzeugnisse
– auch „Dentelles
de Sachse" ge-
nannt, machten
Plauen weltbekannt
und führten die
Stadt zu hoher
wirtschaftlicher
Blüte*

*Ehrentafel
der Grand-Prix-
Gewinner*

19

1901

„...denke an mein teures Zwickau"

CHRONIK

Erstmals werden Nobelpreise verliehen, unter anderen an den deutschen Physiker Wilhelm Röntgen

∎

In New York erregt ein Kreuzzug gegen das Küssen, weil „barbarisch und unhygienisch", große Aufmerksamkeit

∎

Unter dem Namen „Pingpong" beginnt das Tischtennis-Spiel von England aus seinen Siegeszug

∎

Im gefrorenen Boden Sibiriens wird das erste vollständige Mammut gefunden

∎

Heimatturm in Colditz erbaut

∎

Stundenlöhne: Lehrling neun, Polier 32 Pfennige

∎

Der amerikanische Filmschauspieler Gary Cooper geboren

Robert Schumann kam nicht rechtzeitig in Zwickau an. Immerhin ein Jahr länger brauchte er, nun in Bronze gegossen als Denkmal-Gestalt, um in seiner Vaterstadt für immer Platz zu nehmen. Es hatte gedauert und gedauert, die damalige Jahrhundertwende 1900 mit dem 90. Geburtstag des wohl berühmtesten Zwickauers ging vorüber, aber 1901 dann war das Denkmal fertig geworden.

Nun hatte der Komponist endlich auch in der Heimatstadt sein Denkmal, ganz in der Mitte, einen Steinwurf entfernt vom Vaterhaus, das nun seit 1956 Robert-Schumann-Haus ist. Aber auch hier sollte sich die Ruhelosigkeit seines Lebens fortsetzen. Sein Denkmal blieb nur bis 1938 am Hauptmarkt, von da aus hob man es zum Regierungsplatz, der fortan Schumanns Namen erhielt, 1948 zog er in das Schwanenteichgelände, nun ist er zurückgekehrt zum Hauptmarkt, die Geschäftigkeit des Zentrums umgibt ihn. Aber er selbst, ist er nicht ein Zentrum dieser Stadt?

Zweifellos ist Zwickau die erstrangige Schumannstadt geworden und geblieben. Das Haus an der anderen Ecke des Hauptmarkts ist eine ansehnliche museale Gedenkstätte, sie lebt im Alltag, nicht zuletzt durch die Konzertreihen, den pulsierenden Zuspruch bei den Schumannwettbewerben und als angesehene, führende Forschungsstätte. Wenn Schumanns Werke derart im Musikleben der ganzen Welt integriert sind wie derzeit, wenn vornehmlich die musizierende Jugend das äußerst lebendige Werk lebendig hält und mit dem modernen Impuls versieht, wie wir es immer wieder bei den Schumannwettbewerben in Zwickau erleben, dann spricht alles nur für den Komponisten. Aber auch Schumann als Musikschriftsteller ist mehr und mehr aus dem Schattendasein herausgetreten, nicht zuletzt durch die Publikationen aus dem Zwickauer Schumannhaus. Welch ein streitbarer Geist enthüllt sich uns, ein Verfechter der besten Traditionen wie der modernen Regungen der Musik, Brahms z. B., Schumann grüßte ihn enthusiastisch als den, der kommen musste.

Brahms konnte nicht mehr kommen, als das Denkmal 1901 in Zwickau enthüllt wurde, er war vier Jahre vorher gestorben. Aber prominente Gäste versammelten sich zum Anlass in Zwickau viele. Drei Töchter von Clara und Robert Schumann, der Geiger Joseph Joachim, der ebenso wie Brahms zu den Freunden des Hauses Schumann in Düsseldorf gehört hatte, Gewandhauskapellmeister Carl Reineke dirigierte eine selbstkomponierte Hymne für Robert Schumann. Ein Musikfest in Zwickau wie schon einmal, als Robert und seine Frau Clara stürmisch gefeiert wurden, 1847, es war ein Benefizkonzert „Zum Besten der Nothleidenden" im Erzgebirge, Schumann dirigierte selbst, Clara spielte sein Klavierkonzert.

Und wie wir Schumann auf diesem Denkmalsockel sehen, versonnen und versunken in sich, es könnte ein Moment sein des Gedenkens „an mein teures Zwickau", wie er einmal seiner Mutter geschrieben hatte.

Reinhold Lindner

20

*Robert Schumann,
zurückgekehrt
auf den Zwickauer
Hauptmarkt*

*Gedenkzimmer im
Robert-Schumann-
Haus mit dem
Schreibtisch des
Komponisten und
dem Flügel seiner
Frau,der Pianistin
Clara Wieck, an
dem diese im Alter
von neun Jahren bei
ihrem ersten öffent-
lichen Auftreten im
Leipziger Gewand-
haus 1828 spielte*

21

1902

Kater Lampe wird geboren

CHRONIK

Preußische Abgeordnete debattieren über Trunksucht im Lande
■
In New York kommen die ersten elektrischen Christbaumkerzen der Welt auf den Markt
■
In Karlsruhe wird Rezniceks Oper „Till Eulenspiegel" uraufgeführt
■
Hugo Junkers entwickelt den Gasbadeofen
■
Die Chemnitztalbahn (Chemnitz – Wechselburg, 27,5 km) wird eröffnet
■
Komponist Paul Kurzbach geboren
■
Aus Schwarzenberg kommt die erste Waschmaschine der Welt
■
Schauspieler Heinz Rühmann geboren

Mit 21 Jahren wurde Emil Rosenow Chefredakteur des sozialdemokratischen „Chemnitzer Beobachters", und sechs Jahre später zog er als jüngster Abgeordneter in den deutschen Reichstag ein. Und er kam dorthin als Abgeordneter des Wahlkreises 20, Amtshauptmannschaften Zschopau und Marienberg. Aber daran erinnert man sich, hundert Jahre danach, kaum mehr. Und auch sein Name wäre wohl nur eine Notiz in der Geschichte der SPD.

Doch bei seinen Agitationsreisen durch die Erzgebirgsgegenden um Seiffen und Olbernhau fand er den Stoff zu der Komödie „Kater Lampe", die er 1902 in Berlin schrieb, denn man hatte ihn aus Chemnitz vertrieben.

Mit diesem Stück nun ging er in die Literaturgeschichte ein: Von Kleists „Der zerbrochene Krug" und Hauptmanns „Biberpelz" inspiriert, schildert er die Verhältnisse in den Dörfern der erzgebirgischen Spielzeugmacher.

Fabrikanten und Verleger, Spielzeugschnitzer und Obrigkeit, das Personal hat manche Ähnlichkeit mit Hauptmanns Biberpelz-Komödie. Hier geht es nicht um das teure Pelzwerk, sondern um einen simplen Hasenbraten, der sich schließlich als Kater Lampe erweist.

Rosenows sächsische Dialektkomödie war ein Erfolg, allein im Uraufführungsjahr 1903 in Berlin gab es 27 Aufführungen.

1936 verfilmte Veit Harlan das Stück, immerhin passte es da in das Konzept der vom NS-Volkstum vereinnahmten Heimatkunstbegriff, aber auch nach 1945 gab es etliche Aufführungen in den Theatern Chemnitz, Zwickau und Annaberg.

Rosenow hatte noch manches andere geschrieben, ein Bergarbeiterdrama „Die im Schatten leben", das erst 1911 uraufgeführt wurde, Kulturbilder aus dem 16. und 17. Jahrhundert „Wider die Pfaffenherrschaft" (1904). Geboren am 9. März 1871 in Köln, starb er schon in jungen Jahren, am 7. Februar 1904 in Berlin-Schöneberg.

So also wird sein Name genannt, wenn von den wenigen wirklichen Komödien der deutschen Literatur die Rede ist und auch, wenn man sich an das schwere Leben der erzgebirgischen Spielzeugmacher vor hundert Jahren erinnert.

Dr. Klaus Walther

22

„Kater Lampe"
in einer Inszenie-
rung im Eduard-
Winterstein-Theater
Annaberg mit
Renate Geißler
und Ernst-Georg
Schwill vom ehe-
maligen Fernseh-
ensemble der DDR

Emil Rosenow
fand den Stoff zu
„Kater Lampe"
auf seinen Reisen
durchs Erzgebirge

1903

Vater und Sohn

CHRONIK

Henry Ford gründet mit 100.000 Dollar die Ford-Automobil-Gesellschaft

∎

Bei bisher nie gekannten Wetterwidrigkeiten sinken an deutschen Küsten 83 Schiffe, 223 Seefahrer kommen ums Leben

∎

In Crimmitschau wird mit einem Weberstreik der zehnstündige Arbeitstag eingefordert. Arbeitgeber sperren 7600 Arbeiter aus

∎

Der Schwabe Hans Sachs erfindet die erste Freilaufnabe

∎

Am 1. Juli wird mit einer Frankreich-Rundfahrt die Tour de France geboren

∎

Mit einem 7:2-Erfolg gegen den DFC Prag wird der VfB Leipzig erster Deutscher Fußballmeister

∎

Theo Lingen wird am 10. Juni geboren

1903 wurde er in Untergettengrün, nicht weit von Plauen entfernt, geboren. Sein Vater war Zollbeamter, und als er mit der Familie nach Plauen zog, begann sein Sohn Erich eine Schlosserlehre. Aber dieser Junge war begabt, er zeichnete und kam schließlich auch auf mancherlei Umwegen auf die Kunstakademie nach Leipzig. Er lernte Erich Knauf und Erich Kästner kennen, und er hat Erfolg als Zeichner. Er illustriert Bücher, er veröffentlicht auch regelmäßig politische Karikaturen, solche Tätigkeit sollte ihm nach dem Machtantritt der Nazis zum Verhängnis werden.

Aber eben aus solcher Schwierigkeit sollte auch sein Ruhm geboren werden. Denn am 13. Dezember 1934 erschien in der „Berliner Illustrierten" die erste Folge einer Bilderserie: „Vater und Sohn " waren geboren. Und manche Väter hatten Anteil an dieser erfolgreichsten Bilderserie der dreißiger Jahre: Kurt Kusenberg, damals Redakteur im Ullstein-Verlag, suchte eine Idee für eine Zeichenserie mit einer sogenannten „stehenden Figur". Zweiunddreißig Zeichner wurden um Ideen gebeten. Auch Erich Ohser. Der schickte gleich drei Vorschläge: Spaßige Kofferszenen im Zug, einen Fakir, der die Wüste verzauberte und die ersten Bilder von „Vater und Sohn". Kusenberg wusste, das war ein Treffer. Aber wie sollte man Ohser „hoffähig" machen, denn er hatte ja 1934 schon Berufsverbot erhalten. Einige Leute halfen, auch der spätere Chefredakteur des „Südkurier", Alfred Gerigk. Ohser durfte unter einem Pseudonym unpolitische Zeichnungen veröffentlichen.

So wurde aus Erich Ohser e.o.plauen, und es begann die Erfolgsgeschichte dieser beiden Figuren, dem Vater mit der blitzblanken Kopfkugel, dem Sohn mit zerzaustem Haarschopf. Und drei Jahre würde nun Woche für Woche ein Abenteuer der beiden die Leser der Zeitschrift vergnügen. Hunderte von Späße erzählten, wie der Vater den Sohn und der Sohn den Vater erzieht.

Als 1937, nach drei Jahren, die Serie in der „Berliner Illustrirte" beendet wurde, endete auch für Ohser eine Zeit relativer Sicherheit. Was sollte werden? Wieder halfen ihm Freunde, bis er 1940 aufgefordert wurde, für die Wochenzeitung „Das Reich" politische Karikaturen zu liefern. Goebbels hatte das Blatt ins Leben gerufen, und da es sich als ein Blatt erwies, in dem auch andere Töne und Texte möglich waren als die simple Nazipropaganda, hatte es beispielsweise auch Karl Korn oder Theodor Heuss als Mitarbeiter. Und Ohser zeichnete, mit elegantem Strich und schlechtem Gewissen. Und als er einmal äußert: „Himmler hält sich nur durch täglich 80 bis 100 Hinrichtungen. Ich merke es ja am Dünnerwerden meines Bekanntenkreises", da gerät er selbst ins Räderwerk der Todesjustiz. Er wird von Freislers Volksgerichtshof zum Tode verurteilt. Einen Tag vor der geplanten Hinrichtung nimmt er sich am 6. April 1944 das Leben.

Dr. Klaus Walther

24

Goethe –
Alle Achtung!

25

1904

Entdecker des Germaniums

Der am 28. Dezember 1838 in Freiberg geborene August Clemens Winkler entstammt einer eingesessenen erzgebirgischen Hüttenmeisterfamilie. Er wuchs in diesem Milieu auf, studierte in Freiberg und Leipzig und wurde selbst Hüttenbeamter. Ausgerüstet mit praktischen Erfahrungen nahm er 1873 eine Professur für Chemie an der Bergakademie in Freiberg an. Hier untersuchte er die Schneeberger Kobalt- und Uranmineralien, die Eigenschaften von Nickel und Indivum und das Meteoreisen von Rittersgrün. In einer Fabrik in Muldenhütten nahe Freiberg stellte er seit 1876 Schwefelsäure für industrielle Zwecke her.

Seine bedeutendste wissenschaftliche Leistung war die Weiterentwicklung des Periodensystems. 1885 fanden Freiberger Bergleute in 459 Meter Tiefe ein bislang unbekanntes silberkiesähnliches Mineral.

Clemens Winkler wurde mit seiner Untersuchung und Analyse beauftragt. Viele Male wiederholte er seine Versuche, bis er am 6. Februar 1886 das von Mendelejew vorausgesagte „Ekasilizium" entdeckte. Winkler nannte das Element Germanium. Er betonte, daß er mit dem Namen „Germanium" keinesfalls nationalistische Hintergedanken verfolgt habe.

Damit bestätigte Clemens Winkler, das von Mendelejew an dieser Stelle im Periodensystem vorausgesagte Element. Germanium ist ein in Argyrodit und Germanit vorkommendes grauweises sprödes 2- und 4-wertiges metallisches Element. 1894 trafen sich die beiden Forscher in Freiberg.

Winkler bezeichnet den lang zuvor angekündigten Besuch als die schönste Erinnerung seines Lebens.

Durch seine Halbleitereigenschaften erlangte das Germanium große technische Bedeutung. Nach Winklers Worten war die Entdeckung „mehr als die bloße Bestätigung einer kühn dargestellten Theorie". Es markiert „einen mächtigen Schritt ins Reich der Erkenntnis." Germanium wird heute vor allem zur Herstellung von Transistoren und Dioden verwendet.

Winkler bestimmte das Atomgewicht von Nickel und Kobalt neu und verbesserte die Maßanalyse. Erfolgreich waren seine Forschungen auf dem Gebiet der Grubengase. Er schrieb u. a. ein Lehrbuch der technischen Gasanalyse. 1902 trat er in den Ruhestand und starb am 4. Oktober 1904 an einem Lungenleiden in Dresden.

Manfred Blechschmidt

CHRONIK

Beginn des russisch-japanischen Krieges um die Mandschurei und Korea

∎

Soldaten erhalten mit Genehmigung des preußischen Abgeordnetenhauses ein Gesangbuch als Eigentum

∎

Das erste Farbfoto auf einer Zeitung erscheint im „Daily Mirror"

∎

Neue Tendenz in der Frauenmode: Kurze Röcke

∎

Nach Verbot des Phosphors für Zündhölzer (1903) wird in Deutschland das Sicherheitszündholz eingeführt

∎

Glenn Miller, amerikanischer Jazzmusiker, geboren

*Der Freiberger
Professor für Chemie
Clemens Winkler
entdeckte das Element
Germanium –
ab 1948 Grundlage
für die Halbleiter-
industrie*

1905

Esche-Villa – das Jahrhundert im Bau

Die Verwunderung war angebracht, der bekannte Maler kam ohne alles. Kein Gepäck, nichts als den alten Anzug und drüber einen Regenmantel. Man sah sich fragend an im Hause des vornehmen Fabrikanten. Edvard Munch, der 42-Jährige Norweger, er war von Herbert Esche nach Chemnitz eingeladen worden, um die Familie zu malen. Zunächst reagierte der Künstler gar nicht, dann schneite er im September unvermittelt ins Haus, aber kein Malzeug, nichts hatte er bei sich. Er trank flaschenweise Kognak und verschwand tagelang in Chemnitzer Kneipen. Aber Munch ging eines Tages im Oktober unvermittelt ans Werk, die Bilder wurden fertig.

Zu dieser Zeit hatte der knapp 21-Jährige Chemnitzer Karl Schmidt-Rottluff seiner Heimatstadt den Rücken gekehrt, mit dem Wintersemester sein Architekturstudium aufgegeben, um sich ganz der Malerei zu widmen, und soeben in Dresden mit anderen Künstlern die „Brücke" gegründet. Sie hatten miteinander nichts zu tun, der Fabrikant Esche und die Brücke-Künstler, auch Munch ging andere Wege, als ihn diese jungen Sachsen vorhatten. Aber in der Person des belgischen Universalisten van de Velde kreuzten sich dennoch die unterschiedlichen Auffassungen und Ansprüche. Und der hatte in Chemnitz gerade freie Hand gehabt, um sein Credo von Gesamtkunst in der Gestalt des Wohn- und Lebensraums uneingeschränkt zu verwirklichen. Herbert Esche, der vermögende Chef der inzwischen größten sächsischen Strumpffabriken, ließ sich seine Villa bauen, an exponier-

tem, wohl ausgesuchtem Platz oben auf dem Kapellenberg.

Die Esche-Villa an der Parkstraße wurde van de Veldes konsequentester Bau, sie kann als unverstellter Jugendstil gelten, der Gebäude, Garten, Innenraum und Interieur bis zum Kleid der Dame des Hauses und bis zum Rauchservice des Hausherrn umfasst. Möbel, Geschirr, Lampen und Glasfenster, Schreibzeug und Türklinke, Gartenzaun und Treppengeländer, alles ist aus einem Geist und aus einer Hand gestaltet. Diese Annäherung an stilistische Vollendetheit der Lebenssphäre einer Familie hat es seither noch nicht wieder gegeben. Die Esche-Villa ist das international wertvollste Architekturdenkmal in Chemnitz, es hat Bedeutung als Zeugnis der Baukunst dieses Jahrhunderts weit über die Grenzen der Stadt hinaus.

Dass es nach ziemlicher Mitleidenschaft in den Nachkriegsjahren nun endlich restauriert wird, seinen Stil behält und aller Wahrscheinlichkeit nach auch öffentlich wird, verschafft der Stadt Chemnitz und der ganzen Region ein Kleinod mit Anziehungskraft äußerster Exklusivität. Daß Edvard Munch in diesem Haus lebte und arbeitete, kurz, nachdem es fertiggestellt worden war, ist eine Episode von vielen, allerdings nicht ohne eine gewisse Zwangsläufigkeit: Wer sich exklusiv einrichten konnte, umgab sich auch gern mit Künstlern. Munch und van de Velde erfuhren zu Beginn des Jahrhunderts nichts Anderes, als es Kunst und Architektur an dessen Ende erfahren.

Reinhold Lindner

CHRONIK

Die größte Schlacht im Russisch-Japanischen Krieg endet mit einer Niederlage der Russen

Der Simplontunnel im schweizerischen Iselle wird eröffnet

Jahreseinkommen von Beamten: Regierungsrat 7 200 Mark, Stationsvorsteher 4 200 Mark, Lokführer 2 200 Mark

Franek und Lakko führen den geburtshelferischen Kaiserschnitt unter Schonung des Bauchfells ein

Der Luftschiffer Paul Spiegel steigt vom Chemnitzer Gaswerk auf und landet in Herold

77-jährig stirbt der „Vater des Zukunftsromans" Jules Verne

28

Blick auf das ornamentale Oberlicht-Fenster – ein Anziehungspunkt der Esche-Villa

Der norwegische Maler Edvard Munch zählt zu den Vorvätern des Expressionismus. Mehr als 1000 Gemälde und Tausende Zeichnungen stammen von ihm. Einige hat er in Chemnitz gemalt

1906

Wie man Zopf und Hut verliert

CHRONIK

Ein furchtbares
Erdbeben zerstört
im April die größte
Stadt Kaliforniens,
San Francisco:
1000 Tote
■
Hopkins erkennt,
dass für die
Ernährung geringe
Mengen noch
unbekannter Stoffe
nötig sind
(erster klarer Hinweis
auf Vitamine)
■
Der Hauptmann von
Köpenick (Schuster
Wilhelm Voigt) erhält
für seinen Hand-
streich vier Jahre Haft
■
In Kiel wird das erste
deutsche U-Boot in
Dienst gestellt
■
US-Präsident
Theodore Roosevelt
bekommt
den Friedenspreis
■
Dietrich Bonhoeffer,
evangelischer
Theologe, wird am
4. April geboren

24 Jahre lang kämpfte der damalige Burgstädter Bürgermeister Dr. Roth vergebens um eine Bahnverbindung zwischen Mittweida, Burgstädt und Limbach. Immer wieder scheiterte die Querverbindung am Finanzmangel des Freistaates. Deshalb schlug der findige Bürgermeister vor, die drei Städte doch mit einer Omnibuslinie zu verbinden.

Dies stieß in Dresden anfangs mehr auf Skepsis als auf Wohlwollen, doch letztlich gab es am 10. August 1905 die Genehmigung, einen gewerbsmäßigen Kraftwagen-Omnibusverkehr zwischen Mittweida, Burgstädt und Limbach einrichten zu dürfen. Damit stand der ersten sächsischen Omnibus-Überlandlinie nichts mehr im Wege. Allerdings dauerte es noch ein Jahr, bevor sie am 9. August 1906 ihre Fahrgäste transportieren konnte.

Schon vor der offiziellen Inbetriebnahme der Überlandlinie hatte das Mittweidaer Tageblatt begeistert von einer Probefahrt berichtet. „Die Wagen fahren erfreulich ruhig und angenehm. Die Motoren haben sich mit ihren je 28 PS besonders brauchbar und zuverlässig erwiesen. Das Fahrpersonal ist zuvorkommend und vertrauenserweckend. Und was das Ausschlaggebende ist: Wir haben eine schnelle Verbindung mit den Nachbarstädten erlangt", war zu lesen.

Die Daimler-Omnibusse, die auf zwei Decks über 36 Sitzplätze verfügten, benötigten für die 16 Kilometer lange Strecke zwischen Mittweida und Burgstädt 65 Minuten. Die Strecke zwischen Burgstädt und Limbach fuhren die Busse in 40 Minuten.

Die Fahrgäste nahmen das neue Transportmittel begeistert an. Nur sechs Tage nach Betriebsbeginn meldete das Mittweidaer Tageblatt am 15. August 1906: „Auf der neuen Verkehrslinie sind am Sonntag zirka 2 500 Passagiere befördert worden." Im ersten Betriebsjahr zählte man insgesamt 232 282 Fahrgäste. In den Folgejahren pegelten sich die Fahrgastzahlen bei rund 200 000 im Jahr ein. Umso eindrucksvoller liest sich die Betriebsstatistik der Nachkriegsjahre 1925 bis 1929. So wurden im Jahre 1929 exakt 718 636 Personen befördert.

Beinahe wäre der ersten sächsischen Überlandbuslinie allerdings ein schnelles Aus beschieden gewesen. Kurz nach der Betriebsaufnahme brannte die neue Wagenhalle in Burgstädt ab. Der Brandschaden lag bei rund 28 000 Mark, knapp der Hälfte des Gesellschaftervermögens. Bereits am 16. Oktober 1906 erhielt die Betreibergesellschaft die Genehmigung zum Wiederaufbau der Halle.

Wie abenteuerlich der Busverkehr vor reichlich 90 Jahren war, belegt folgende Episode. Eine Frau meldete dem Fahrer, dass sie während der Fahrt ihren Hut verloren hatte. Der Fahrer versprach, auf der Rückfahrt zu suchen, konnte den Hut aber nicht finden. Am nächsten Morgen sah er den Hut dann lustig am Baume flattern. Aber es war nicht nur der Hut hängengeblieben, sondern auch der falsche Zopf der Dame. Die Fundgegenstände wurden eingeholt und am verabredeten Platz, im Café Dietrich in Limbach, hinterlegt. Dort wurden sie tatsächlich auch abgeholt.

Udo Lindner

30

*Am 9. August 1906
wurde zwischen
Mittweida, Burg-
städt und Limbach
die erste Autobus-
linie im damaligen
Königreich
Sachsen eröffnet*

1907

Der „13." hatte es in sich

CHRONIK

In Südchina leiden
10 Millionen
Menschen an Hunger,
täglich sterben 50 000
■
Erste Untersuchungen
von Wirkungen der
radioaktiven Röntgen-
strahlen auf
biologische Objekte
■
13 Kraftfahrer sind
innerhalb von zwölf
Monaten auf dem
Gebiet des deutschen
Reiches tödlich
verunglückt
■
Die Schriftstellerin
Anna Metze-Kirchberg
geboren.
Werke unter anderen:
„Des Menschen Wille
ist sein Himmelreich"
■
Manfred von Ardenne,
deutscher Physiker
geboren,
verstorben 1997

Wohl kaum ein Bürger von Zschopau wird den 13. April 1907 als bedeutungsvoll für das Geschehen in der Erzgebirgsstadt betrachten. Aber dieser Tag hat es in sich. Ein junger Mann, der aus Dänemark stammende Jörgen Skafte Rasmussen, ließ an jenem 13. April in Zschopau eine Firma ins Handelsregister eintragen, die aus der Geschichte des deutschen Motorrad- und Automobilbaues nicht wegzudenken ist.

Während des Ersten Weltkrieges wollte Rasmussen einen Dampfkraftwagen auf den Markt bringen, ein Vorhaben, das sich nicht realisieren ließ. Vom Namen Dampfkraftwagen leitete Rasmussen die Buchstaben DKW ab, die ihm fortan als Firmenzeichen dienten. Bald setzte der junge Däne auf die damals noch bedeutungslosen Zweitaktmotoren, mit denen er schließlich den weltweiten Aufstieg des Zschopauer Motorradbaues begründete. Ende der zwanziger Jahre galt das Werk mit einem Absatz von jährlich rund 60 000 Zweirädern als größter Motorradhersteller der Welt. Rasmussen beließ es nicht bei Motorrädern. Als risikofreundlicher Unternehmer schuf er einen Konzern mit 16 Firmen, die meist im Erzgebirge lagen. Neben Motorrädern standen bald auch Autos, Fahrräder, Kühlschränke, Pumpen, ja selbst in Holzbauweise gefertigte Kleinflugzeuge auf seinem Fertigungsprogramm.

Im Jahre 1928 erwarb J. S. Rasmussen die Aktienmehrheit der in Bedrängnis geratenen Zwickauer Automobilwerke Audi. 1932 wurde er zu einem der Väter der Auto-Union (Audi, DKW, Horch, Wanderer), mit der der sächsische Fahrzeugbau aus der Weltwirtschaftskrise geführt werden konnte. Allerdings schied Rasmussen schon 1932 wegen Spannungen aus der Konzernspitze aus.

Die Zschopauer Motorradfabrik, das Lebenswerk von Rasmussen, wurde 1945 auf Befehl der Besatzungsmacht demontiert. Dem Fleiß und Können der Arbeiter und Ingenieure ist es zu verdanken, daß der Betrieb wieder aufgebaut werden konnte und unter MZ (der Name DKW durfte nicht mehr verwendet werden) erneut florierte.

Die politische Wende brachte schwere Zeiten für die einst 3 200 Beschäftigten. Ende 1991 hatte die Treuhandanstalt für MZ die Weichen auf „aus" gestellt. Dem Kampf der Betriebsangehörigen um den Erhalt möglichst vieler Arbeitsplätze ist es mit zu verdanken, dass am 1. Juli 1992 die Motorrad- und Zweiradwerke GmbH, allerdings mit nur 80 Beschäftigten, gegründet werden konnte. Mitte 1996 mußte die Firma Gesamtvollstreckung beantragen. Als Retter erwies sich eine Unternehmensgruppe aus Malaysia. Unter ihrer Regie soll der Betrieb, der jetzt im benachbarten Hohndorf zu Hause ist, erneut einen geachteten Platz auf dem Motorradweltmarkt erreichen. Damit bestehen gute Voraussetzungen, daß der Zschopauer Motorradbau, für den Jörgen Skafte am 13. April 1907 den Grundstein legte, auch im nächsten Jahrtausend fortleben kann.

Peter Hoppe

32

*Das DKW-Werk
liegt in einem
schmalen Seitental
der Zschopau.
Durch das Werk
fließt das kleine
Flüsschen Dischau*

*Jörgen Skafte Ras-
mussen, Gründer
der Marke DKW
und Wegbereiter
der Auto-Union AG
im Jahre 1932*

1908

Letzte Lok per Pferd

Am 5. Dezember 1908 eilten viele Chemnitzer in die Innenstadt, um letztmalig einen Transport einer Hartmann-Lokomotive durch die Stadt zu erleben. Begonnen hatte das 1852, als Chemnitz mit der Eröffnung der Strecke Riesa – Chemnitz Anschluss an das Eisenbahnnetz erhielt.

Bis dahin waren die Lokomotiven, teils in demontiertem Zustand, nach Leipzig gebracht und dort erst auf den Gleiskörper gesetzt worden. Ab 1852 hätte nun die Möglichkeit bestanden, die Firma Hartmann mit einem Anschlussgleis zu verbinden. Dies stieß aber auf den Widerstand von Louis Schönherr, der die Zustimmung dazu verweigerte, hätte doch das Gleis durch sein Betriebsgelände geführt werden müssen. So blieb also der Transport mit Pferden.

In der Firma Hartmann standen dafür zeitweise 30 Pferde bereit, erfolgte doch in der Blütezeit des Werkes wöchentlich die Fertigstellung und damit Auslieferung von zwei oder sogar drei Lokomotiven. Der Transport begann meist 14 Uhr in Begleitung eines Polizeiaufgebotes. Der ehemalige Schirrmeister der Sächsischen Maschinenfabrik, Wilhelm Ulbrich, beschrieb die Transporte wie folgt:

„Unsere Pferde wussten schon Bescheid. Ich kommandierte – Achtung! Los! Die Kutscher schwangen die Peitschen, und mit einem Ruck legten sich die Pferde ins Geschirr. Zwanzig der schwersten Pferde in Viererreihe vorgespannt und für je zwei Pferde einen besonderen Kutscher, ging es dann, ich an der Spitze, aber mit den Augen mehr hinten als vorn, durch die Hartmannstraße zur Klosterstraße (gemeint war die heute nicht mehr bestehende Äußere Klosterstraße), zur Theaterstraße und Dresdener Straße nach der Petersstraße hinaus, wo die Lokomotiven auf ihre Räder gestellt und von einer anderen Maschine auf den Gleisen hinaus nach den Eisenbahnwerkstätten zur Probefahrt gezogen wurden. Später wurde dann der Weg durch die Schlossstraße und die Müllerstraße genommen."

Aber das gehörte in den Abendstunden des 5. Dezember 1908 alles der Vergangenheit an. Chemnitz war fortan um eine Attraktion ärmer. Der weitere Lokomotivtransport erfolgte dann direkt ab Werk auf der Schiene durch die Matthesstraße zur Industriebahn Altendorf-Grüna.

Dr. Wolfgang Uhlmann

CHRONIK

Österreich-Ungarn erklärt die Annexion von Bosnien und Herzegowina
■
Die Universität Jena feiert ihr 350jähriges Jubiläum
■
Seit dem 1. Juli wird das Notsignal SOS offiziell verwendet
■
Das erste Fußball-länderspiel Deutschlands wird gegen die Schweiz 3:5 verloren
■
Stadtbad in Schneeberg eingeweiht
■
Konsumverein eröffnet in Zschopau ein eigenes Ladengeschäft
■
Wilhelm Busch, volkstümlichster Humorist Deutschlands („Max und Moritz", „Hans Huckebein"), stirbt in Mechtshausen

34

Der letzte Lokomotiv-Transport mit Pferdegespannen von den Hartmann-Werken zum Eisenbahnanschluß in Chemnitz

Und auch das gehört in dieses Jahr: Am 23. Juli 1908 wurde die 22-jährige Brander Bürgermeisterstochter Grete Beier wegen Mordes hingerichtet. Es war die letzte Enthauptung in Freiberg

1909

Theater für den König

Es war ein denkwürdiger Tag für Chemnitz und für die weite Umgebung der Stadt, jener 1. September 1909. Museum und Neues Stadttheater wurden eingeweiht. Der König kam aus Dresden, er nahm die Huldigung gern entgegen, dass nun jene der drei sächsischen Großstädte, die als die Industriemetropole des Königreiches galt, ihr neues Zentrum der Kunst und Wissenschaft seinem Patronat anvertraute: Das Museum trug fortan den Namen König Alberts, der neugeschaffene Platz davor wurde etwas allgemeiner zum Königsplatz. Abends im Theater – es sollte bald im Sprachgebrauch Opernhaus heißen – wurden der Festversammlung gute deutsche Standardszenen vorgespielt, die Meistersinger-Festwiese und Wallensteins Lager durften da nicht fehlen.

Es hätte theatergerecht ahnungsvolle Programmierung eines beginnenden Jahrhunderts sein können, das Kriegslager und die Lobpreisung der Deutschen Meister. Fünf Jahre später brach das erste Weltinferno los, und beim zweiten, viel verheerenderen noch, traf die Vernichtung dann auch den schönen Chemnitzer Platz mit den Musentempeln. Inzwischen, da das Jahrhundert zu Ende geht, hat die Oper ihre Rekonstruktion und Modernisierung hinter sich, das Museum steckt noch mittendrin. Und auch das dritte Bauwerk im Bunde, die Petrikirche, ist zumindest im Äußeren wieder im Bilde. Sie immerhin war zuerst da, sie hatte weitgehend die stilistische Problematik des Platzes, über die viel beraten und auch sehr heftig gestritten werden musste, konstituiert. Es ging, alten Berichten zufolge, zuweilen sehr hoch her in den Ausschüssen des Stadtparlaments. Aber der verdienstvolle Stadtbaumeister Richard Möbius fand jene akzeptable Lösung, die die neogotische, 1888 geweihte St. Petrikirche mit den beiden neuen Gebäuden einigermaßen in Einklang brachte. 1904 wurde im Stadtparlament abgestimmt, dennoch konnte erst 1906 mit dem Bau begonnen werden, drei Jahre später waren Theater und Museum fertig, eine der erstaunlichen Leistungen des Jahrhunderts. Dem Platz schufen damals an seiner östlichen Seite die Schillingschen Figuren eine schöne Verbindung zu den Parkanlagen des Schillerplatzes. Dieses Ensemble von Brunnen und Skulpturen, das 1869 seinem Schöpfer Johannes Schilling auf der Wiener Kunstausstellung einen ersten Preis eingebracht hatte, verschenkte die Stadt Dresden nach Chemnitz. Es musste Ende der zwanziger Jahre dem Bau des Hotels Chemnitzer Hof weichen, und die meisterlichen Figuren stehen noch heute recht kümmerlich am Rande der Schloßteichanlagen. Heute sind nicht nur Chemnitzer froh, dass diesem Platz in der Innenstadt sein Charakter erhalten blieb. Die preisgekrönte Rekonstruktion der Oper ging einher mit deutlichem Gewinn an Qualität der Aufführungen, das Haus ist auf bestem Weg zu einer renommierten international anerkannten Spielstätte.

Reinhold Lindner

CHRONIK

Im Deutschen Reich studieren 1432 Frauen an Universitäten
▪
Der Reichsverband deutscher Ärzte wird etabliert
▪
In Berlin wird der Deutsche Bauernbund gegründet
▪
Das deutsche Gesetz gegen den unlauteren Wettbewerb und das Viehseuchengesetz werden verabschiedet
▪
Auf der Münchener Radrennbahn fährt der Franzose Guignard mit 101,623 Km/h neuen Weltrekord hinter Schrittmachern
▪
Das Mundarttheater Crottendorf als Dramatischer Verein gegründet
▪
Bernd Rosemeyer, deutscher Autorennfahrer, geboren, verstorben 1938

*In festlichem
Lichterglanz er-
strahlen die
rekonstruierten
Häuser auf dem
Chemnitzer
Theaterplatz*

*Der Weg der
Verheißung –
eine der größten
Inszenierungen in
der Chemnitzer
Theatergeschichte.
Szene mit
Der Rabbi (Peter-
Jürgen Schmitd),
Der Dreizehn-
jährige, sein Sohn
(Christopher Jakob)
und Mose (Matteo
de Monti)*

1910

Irrweg eines Bildes der Zeiten

Dicht reihen sich 1910 die reifen Meisterleistungen deutscher expressionistischer Malerei. Dazu zählt auch die „Landschaft im Herbst", gemalt von dem am 1. Dezember 1884 nahe Chemnitz geborenen Mitbegründer und Namengeber der „Künstlergruppe Brücke", Karl Schmidt-Rottluff.

Ihr Sujet wirkt bescheiden: Bäuerlich genutztes Land, diagonal von einem mehr erahn- denn sichtbaren Weg durchquert, der zu einem Haus mit rotem Giebel und fahlgelbem Dach führt. Dort, wo die Felder anrainen, wachsen Gebüsch und dunkle Bäume. Alles wirkt noch von der Wärme des Sommers gesättigt, doch schon spürbar drückt die Kühle der anstehenden Jahreszeit herein.

Das Bild wird nahe dem Oldenburger Seebad Dangast am Jadebusen gemalt. Hier hin zieht es Karl Schmidt-Rottluff zwischen 1907 und 1912 vom späten Frühjahr an bis weit in den Herbst hinein. In dem nahe der Nordsee besonders klaren, von trübendem Dunst freien Sonnenlicht kann er, sich ganz dem künstlerischen Ausdruck von Emotionen durch Farben hingebend, ungestört arbeiten.

Nach ihrer Fertigstellung verbleibt die „Landschaft im Herbst" über Jahre hinweg in seinem Besitz und wird nur ab und an in bedeutende Ausstellungen verliehen.

Im August 1920 wird sie von der Leitung der einige Monate vorher gegründeten Städtischen Kunstsammlung Chemnitz angekauft. Es ist deren erster Erwerb eines expressionistischen Meisterwerkes und zugleich ein bemerkenswert früher seitens einer deutschen öffentlichen Sammlung.

Doch in Chemnitz findet das markante Gemälde nicht nur Freunde. Von konservativ eingestellten „völkischen" Kreisen wird es als Störenfried angesehen. Im Mai 1933 kulminiert diese Verleumdung, Chemnitzer Nationalsozialisten prangern die „Landschaft im Herbst" in der von ihnen inszenierten Propagandaschau „Kunst, die nicht aus unserer Seele kam" als „undeutsch" an. Sie wird ins Depot verbannt und, im Zuge der Säuberungsaktion „Entartete Kunst", im August 1937 beschlagnahmt. Zusammen mit tausenden anderen Meisterwerken moderner Kunst – allein etwa 640 aus Chemnitz – wird die „Landschaft im Herbst" noch 1937 in ein Sammellager nach Berlin deportiert, dort selektiert und 1939 in der legendären Fischer-Auktion in Luzern zur Versteigerung angeboten. Sie findet keinen ausländischen Käufer. Dem deutschen Kunsthändler Bernhard A. Böhmer gelingt es, sie in seinen Besitz zu bringen, mit diesem gelangt sie nach dem Ende des Zweiten Weltkrieges nach Rostock, wird dort Jahre später als Chemnitzer Museumsbesitz identifiziert und am 30. Juli 1957 ihrem rechtmäßigen Eigentümer zurückgegeben.

Dies vollzieht sich, darin DDR-typisch, unspektakulär; expressionistische Kunst steht damals im Ruch der Dekadenz. Bald danach aber beginnt auch hier ihre breite, rehabilitierende Anerkennung, der ahasverische Weg der „Landschaft im Herbst" ist zu Ende.

Karl Brix

Ölgemälde von Karl Schmitt-Rottluff „Landschaft im Herbst" (1910)

Das Elternhaus Karl Schmidt-Rottluff ist zwar Industriedenkmal, präsentiert sich jedoch in seinem verfallenen Zustand als Schandfleck

39

1911

Fahrt-Gedanken

CHRONIK

Dänemark schafft die Prügelstrafe ab

■

Uraufführung des „Rosenkavalier" von Hugo von Hoffmansthal in Dresden (Musik: Richard Strauss)

■

Champagner darf sich nur jener Schaumwein nennen, dessen Trauben in der französischen Champagne reifen

■

Mecklenburgs Landtag beschließt Junggesellensteuer

■

In Hamburg wird der Elbtunnel (400 Meter) eröffnet

■

Konrad Duden, der Vater der deutschen Rechtschreibung, gestorben

Es beeindruckt immer wieder neu, wenn das Abfahrtsignal ertönt und der Wagen die Talstation verlässt. Unterwegs mit der Augustusburger Drahtseilbahn, dieser Name existiert seit der Inbetriebnahme im Juni 1911. Technologisch gesehen ist es eine Standseilbahn. Gezogen von einem Stahlseil (28 Millimeter Durchmesser) geht es, der Schiene folgend, steil bergan. Eine achtminütige Fahrt liegt vor einem, wie schon auf dem Fahrschein ablesbar ist, der am Automaten erworben wurde. Ein Höhenunterschied von 168 Metern und eine Steigung von maximal 20,14 Prozent werden überwunden. In der Mitte der Strecke begegnet man der talwärts fahrenden Bahn. Eine spezielle Radkonstruktion ermöglicht ein selbständiges Ausweichen der beiden Wagen auf der an dieser Stelle zweigleisigen Schiene. Aber all das erfährt man auch über den Lautsprecher, der gemeinsam mit Video-Kameras die früher begleitenden Fahrer und Schaffner ersetzt hat.

An den hohen Fenstern der unlängst in Österreich nachgebauten Standseilbahn-Wagen, wie sie ähnlich vor 70 Jahren schon einmal aussahen, gleitet frisch-grün frühsommerlicher Buchenwald vorüber. Blüten von rotem und weißem Fingerhut leuchten, bleiben zurück, wechseln mit Farnen. Zerfurcht sieht der nordwestliche Hang des Schellenberges an einigen Abschnitten aus, tief eingeschnitten das Alaunbächlein, erwähnenswert die steinerne Bogenbrücke. In diesem Gebiet, in dem Bergleute nach dem Mineral Alaun gruben, mussten bald nach dem Bau der Bahn eingebrochene

Stollen gesichert werden. Interessant ist auch, dass das meist erdige Alaun im Zusammenhang mit einstigem Vulkanismus entstand. Der Schellenberg mit seiner „Krone", der unter dem Baumeister Hieronymus Lotter errichteten Augustusburg, lässt hier schon etwas von seiner geologischen Geschichte ahnen. Rechterseits des bergan fahrenden Wagens sieht man an einigen Stellen einen kurvenreichen Waldweg, Teil der einstigen für den Wintersport berühmten 1000 Meter langen Rodelbahn, deren reizvolle „Schleiffahrten" geschätzt waren und auch heute noch von Wagemutigen ausprobiert werden. Die Drahtseilbahn bringt einen dann auch wieder nach oben. Aber auch Wanderer, sommers wie winters, wissen die Verbindung zwischen Tal und Berg wie umgekehrt zu schätzen. Dieses war einer der wichtigsten Gründe für das Erbauen dieser Standseilbahn. Mit der Inbetriebnahme der Standseilbahn wurden die bis dahin üblichen regelmäßigen Fahrten mit der Pferdekutsche eingestellt. Geblieben ist in den Jahrzehnten seither jene „herrliche Gebirgsfahrt" mit der Bahn, auch wenn groß gewordene Bäume kaum noch unmittelbar während der eigentlich kurzen Fahrt „romantische Ausblicke nach Schloss, Kirche und Stadt Augustusburg sowie ins Zschopautal" zulassen.

Dr. Walter Kusche

40

Eine Kabine der Drahtseilbahn Erdmannsdorf/ Augustusburg auf der Brücke im Jahre 1999 (oben) und vor 88 Jahren

1912

Old Shatterhand gestorben

„Ich bin wirklich Old Shatterhand", hat er einmal geschrieben, und ablichten ließ er sich ganz martrialisch mit Henrystutzen, Bärentöter und Patronengurt. Kara Ben Nemsi war er auch, wer sonst, und auf den Fotos, die er den zahlreichen Fans gern überließ, zeichnete er mit „Dr. Karl May". Und er behauptete auch, vierzig Sprachen zu sprechen, „Lappländisch will ich nicht mitzählen", das war ihm wohl zu läppisch, und Sächsisch sprach er ja auch.

Der Mann, der am 30. Mai 1912 in Radebeul bei Dresden starb, war einer der erfolg- und folgenreichsten Autoren der deutschen Literatur des 19. Jahrhunderts. Geboren am 25. Februar 1842 im sächsischen Ernstthal, durchlebte er eine Geschichte, die auf verwandelte Weise dann in seinen Büchern versteckt wurde („Ich", „Das Buschgespenst"). Der Junge aus der Weberfamilie wurde aus dem Lehrerseminar in Waldenburg relegiert, banaler Diebstahl von ein paar Kerzen, aber: Wer einmal aus dem Blechnapf frisst, er kam als Wiederholungstäter ins Arbeitshaus Schloss Osterstein und als Hochstapler ins Zuchthaus.

Er schrieb Kolportageromane und schließlich seine Reiseerzählungen, die ihn berühmt machten. Wer hat nicht „Winnetou" oder „In den Schluchten des Balkan" gelesen? Mit Phantasie und glänzendem Erzähltalent produzierte er rund 50 000 Seiten, schon zu seinen Lebzeiten ein Erfolgsunternehmen. Heute sind sie in mehreren Millionen Exemplaren verbreitet, in gut zwei Dutzend Sprachen übersetzt, verfilmt, zu Bühnenstücken verarbeitet,

und sie sind, was man heute einen Long-Seller nennen würde.

Damals, im Jahr seines Todes, war er ein Mann, der solche ruhmreiche Zukunft kaum erhoffen durfte. Seit gut einem Jahrzehnt trieben ihn Prozesse von Gericht zu Gericht. Er wollte nicht zugeben, dass er als braver Bürger und katholischer Autor einstmals eben dicke Kolportagewälzer produziert hat. Der „Edelmensch", als den er sich sah, war er nie gewesen, aber er war auch nicht der dumpfe, unsittliche Schreiberling, als den ihn seine Gegner hinstellten. Warum also hatte er dies alles gemacht? Warum behauptete er, in all den Weltgegenden gewesen zu sein, die er dann als Kulisse seiner Romane nutzte?

Da gab es mancherlei Gründe: Verdrängungen und frühe Beschädigungen, aber etwas kam hinzu: Seine Leser wollten ihn so. Sie wünschten sich den polyglotten Old Shatterhand, den Autor, der auch der Held all dieser Bücher war. Und über den Tod hinaus blieb seine Lebensgeschichte, die Geschichte seiner Publikationen ein Feld der Kämpfe, Fehdeschriften für und wider diesen Autor.

Aber die große Schar der Leser und Liebhaber sitzt hinter dem Autor und liest. Dieser Mann war, darin sind sich seine Bewunderer, seine respektvollen Kritiker einig, ein Autor, der sein Metier beherrschte, der wußte, was den Leser unterhält, was ihn erheitert und rührt. Als Schriftsteller ist er lebendig wie eh und je.

Dr. Klaus Walther

CHRONIK

Im schweizerischen Kanton Zürich müssen heiratswillige Lehrerinnen vom Beruf zurücktreten
■
Robert Scott kommt mit vier Mitgliedern seiner Südpolarexpedition ums Leben
■
Die „Titanic" geht unter
■
Innerhalb eines Jahres werden 12.758 Männer Mitglieder der SPD
■
Schriftsteller Werner Legere („Ich war in Timbuktu") in Hohenstein-Ernstthal geboren
■
In Olbernhau-Oberneuschönberg gründet sich ein Männerchor
■
Bad Brambach beginnt mit dem Kurbetrieb

*Karl May in der
Gestalt seiner Roman-
figur Old Shatterhand*

*Das bescheidene
Geburtshaus
von Karl May in
Hohenstein-Ernstthal*

1913

Ende des Silberbergbaus in Freiberg

Wer heute nach Freiberg kommt, der entdeckt in der Stadt überall die Bergbauvergangenheit, die Kultur des Bergbaus. Noch existieren Bergwerksanlagen, wie die „Alte Elisabeth", als Lehr- und Schaubergwerk, und die Bergakademie Freiberg, eine traditionsreiche Einrichtung bewegt sich in die Zukunft.

1913 nun, ein Jahr vor dem Beginn des Ersten Weltkrieges, endet der Silberbergbau in Freiberg. Auf der Himmelfahrt-Fundgrube förderte man die letzten Hunte Silber. Damit ging ein Kapitel Industrie- und Kulturgeschichte zu Ende, aus dem einst diese Stadt geboren wurde.

Da wird berichtet, daß Fuhrleute aus dem Harz mit ihren Salzwagen nach Böhmen unterwegs waren. In der Nähe eben dieser späteren Stadt Freiberg fanden sie in der Wagenspur ein Erzgeschiebe. So entdeckte man den reichen Silbergehalt des Erzes. Ob es sich so zugetragen hat, wir wissen es nicht genau, aber mit der Entdeckung des Silbererzes entstanden auf den Fluren der Klosterorte Tutendorf und Christiansdorf die ersten Gruben und Schmelzöfen. Nach 1185 hieß die Stadt dann Freiberg.

Mit dieser Zeit begann die Spur des Silbers im Erzgebirge, es wurde zu einer der wichtigsten Bergbaulandschaften in Deutschland. Und der Bergbau wurde zu einem mächtigen Antrieb wirtschaftlicher, wissenschaftlicher und kultureller Entwicklungen. 1765 gründete man die Bergakademie, die heute älteste montanwissenschaftliche Hochschule. Aber Freiberg, das ist auch die Welt des Doms. Hier in der mächtigen spätgotischen Hallenkirche tragen Bergmannsfiguren eine Kanzel. Auf Bergmannsschultern wuchs die Stadt.

Und Silbermann mit seinen Orgeln gehört zur Stadt, wie andere Kunst auch. Schüler der Bergakademie hießen Alexander von Humboldt, Leopold von Bruch, Theodor Körner und Friedrich von Hardenberg, der sich als Dichter Novalis nannte.

Manches Haus, manche Tafel erzählt aus solcher Geschichte: Aufenthalte von Richard Wagner und Goethe in der Stadt. Der Clemens-Winkler-Bau der Bergakademie, Reminiszens an den Entdecker des Germaniums, der hier als Hochschullehrer wirkte.

Da war das Jahr 1913 nur eine Zäsur, wie so oft in der Geschichte des Freiberger Bergbaus. Und auf der heutigen „Silberstraße", der ersten sächsischen Tourismusroute ist die Bergstadt eine Gelegenheit, seiner älteren und jüngeren Geschichte nachzugehen.

Dr. Klaus Walther

CHRONIK

In Leipzig wird das Völkerschlachtdenkmal eingeweiht
■
Kaiser Wilhelm II. verbietet seinen Offizieren, in Uniform Tango zu tanzen
■
Auf ungeklärte Weise kommt der Erfinder des Dieselmotors, Rudolf Diesel ums Leben
■
Ein Zugunglück im Harrastunnel-Felsen bei Chemnitz fordert zehn Menschenleben
■
August Bebel, Führer und Mitbegründer der Sozialdemokraten stirbt 75-jährig in der Schweiz

Geschichte des Bergbaus in der Kunst. Eine Tafel aus Hans Hesses „Bergaltar" (St. Annenkirche Annaberg)

45

1914

Der Wasserprozess

CHRONIK

In Sarajevo wird Österreichs Thronfolger Franz Ferdinand ermordet

■

Ausbruch des ersten Weltkrieges

■

Der erste Ozeanriese fährt durch den Panamakanal

■

In Deutschland leben mittlerweile 65 Millionen Menschen

■

Der Deutsche Edler von der Planitz stellt mit 51.40 m einen Weltrekord im Skisprung auf

■

Johann Traugott Sterzel, Paläontologe („Steinerner Wald"), ist in Chemnitz gestorben

■

Bertha von Suttner, pazifistische Schriftstellerin („Die Waffen nieder"), stirbt 71-jährig in Wien

Das „Chemnitzer Tageblatt", das „Amtsblatt für die städtischen und königlichen Behörden", titelte am ersten August 1914 „Bereit sein ist alles". Wozu die Chemnitzer „bereit sein" sollten, wurde aus dem Hauptquartier der österreichischen Armee gemeldet, die „erfolgreich" die serbische Hauptstadt Belgrad mit Artilleriefeuer belegte. Das „Tageblatt" empfahl seinen Lesern auch eine Balkankarte, die eine „lückenlose Verfolgung der kriegerischen Vorgänge" ermöglichen sollte. Bald hätte man zu diesem Zweck allerdings eine Weltkarte gebraucht. Der Erste Weltkrieg begann.

Ausgerechnet an diesem, welthistorisch gesehen, so folgenschweren Tag wurden in Chemnitz Einzelheiten eines merkwürdigen Gerichtsprozesses bekannt, über den die Stadt lachte. Es ging um Wasserdiebstahl, ein Tatbestand, der sonst wohl nur in ausgesprochenen Trockengebieten eine Rolle spielt. In einem Dorf der Chemnitzer Amtshauptmannschaft betrieben die Herren Müller und Meier (die Namen sind geändert - K.S.) große Färbereien und Bleichereien. Sie waren Konkurrenten und hatten schon des öfteren Prozesse gegeneinander geführt.

Heiße Sommer brachten die wasserintensiven Firmen stets in größte Schwierigkeiten. In ihrer Nähe aber befanden sich zwei große Teiche. In dem trockenen Sommer des Jahres 1911 hatte Müller mit einem der Teichpächter vergeblich über Wasserentnahme verhandelt. Als die Kalamität immer größer wurde und die Einstellung der Arbeit drohte, verlegten seine Angestellten nachts heimlich einen langen Schlauch in einen der Teiche und pumpten Wasser in die Stauanlagen der Fabrik. Sie wiederholten das so oft, bis der Pächter des Teiches durch das Fallen des Wassers aufmerksam wurde. Er überraschte Müllers Angestellte auf frischer Tat und nahm ihnen den Schlauch ab. Damit schien sich die Sache erledigt zu haben, denn der Pächter verzichtete auf eine Anzeige.

Meier aber witterte Morgenluft. Er richtete ein Schreiben an den Vorsitzenden des Ehrenrates des militärischen Bezirkskommandos Chemnitz, in dem er Müller des Wasserdiebstahls bezichtigte. Das war eine schlimme Sache, denn Müller war Reserveoffizier, und nichts galt damals höher als die Offiziersehre. Als der Ehrenrat eine Klärung der Angelegenheit forderte, erhob Müller gegen Meier Anklage wegen Beleidigung. Ein Schöffengericht verurteilte Meier. Das Chemnitzer Landgericht hob dieses Urteil wieder auf. Es stand der Aussage Müllers, die Angestellten hätten das Wasser ohne sein Wissen entnommen, skeptisch gegenüber. Er durfte also ungestraft „Wasserdieb" genannt werden. Der Ehrenrat aber erkannte schließlich darauf, daß die Offiziersehre durch die Angelegenheit nicht verletzt sei.

Während des Krieges mußten dann die Firmen der beiden Streithähne tatsächlich schließen, diesmal aber nicht wegen Wasser-, sondern wegen Arbeitskräfte- und Materialmangels.

Dr. Karl-Heinz Schaller

Extra-Blatt

Berliner Lokal-Anzeiger

In jedem Augenblicke ist die neueste Geschäftsstelle des Berliner Lokal-Anzeigers angegeben.

32. Jahrg. — Sonnabend, 1. August. — 1914.

Allgemeine Mobilmachung in Deutschland.

Die zwölfstündige Frist, die Deutschland der russischen Regierung zur Abgabe einer loyalen Erklärung gestellt hat, ist ergebnislos verstrichen. Soeben ist der Befehl des Kaisers ergangen, der die sofortige Mobilmachung der gesamten deutschen Streitkräfte anordnet.

Der Weg in den Krieg: Soldaten marschieren zum Bahnhof. Für viele wird es keine Rückkehr geben

Extrablatt des Berliner Lokal-Anzeiger vom 1. August 1914

47

1915

Engel und Blumenkinder

CHRONIK

Der amerikanische Bundesstaat Georgia erkennt den rassistischen Geheimbund „Ku Klux-Klan" an

∎

Im Reich werden Brot- und Mehlmarken eingeführt

∎

Seit Kriegsbeginn entstehen 75 000 neue Kleingärten

∎

Der sozialdemokratische „Vorwärts" wird wegen der Veröffentlichung einer Friedensresolution verboten

∎

Helmuth Merkel, ehemals musikalischer Leiter des Erzgebirgsensembles Aue (über 100 Kompositionen) geboren

In Grünhainichen ist es sowieso das schönste Haus, zumal in der Adventsszeit, wenn die Engel in den Fenstern leuchten. Und drinnen ist die einmalige Werkstätte, nach wie vor einmalig im Erzgebirge, auf der ganzen Welt. Die Firma Wendt & Kühn mit dem wundersamen Universum überirdischer wie derb auf Erden wandelnder Menschenkinder ist ein besonderer, origineller Blütenzweig der erzgebirgischen Spielwarenherstellung. Spielwaren, es heißt nur so, sind es indes nicht, auch hier ist es das Augenspiel, das uns verführt und an die Figurenwelt lebenslang binden kann. Vielleicht war es nicht nur Kokketterie, dass der erste Firmenkatalog das Soriment als „Spiel- und Tändelkram" bezeichnete.

Das Haus im mittleren Teil des langgestreckten Erzgebirgsorts, unmittelbar an der Dorfstraße, wurde 1915 zur Heimstätte der Wendtschen Figurenwelt. Die 1887 geborene Grete Wendt war in ihren Heimatort schon 1912 zurückgekehrt, sie hatte ihre ersten Erfolge als Gestalterin in Dresden und München erobert, in Grünhainichen gab es viel zu tun. Die Gründung der Firma gemeinsam mit ihrer Studienfreundin aus Dresden, Margarete Kühn, war mit dem Kauf dieses schönen alten Verlegerhauses verbunden, es wurde fortan das Geburtshaus dieser nun weit über 800 Geschöpfe, von denen gegenwärtig mehr als 400 im Angebotssortiment sind.

Weit mehr als ein Menschenleben halten sich nun schon die schönen Dinge, der zeitlose Bestand liegt vielleicht in der besonderes ausgeprägten Poe-

sie der Figuren von W & K. Sie haben ihre besondere Lebendigkeit, denn Grete Wendt ging bald von dem ziemlich starren Habitus ab, den die Drehform den Figuren aufzwingt, sie schnitt die Teile gegen die gedrechselte Achse und fügte sie zu lebendiger Bewegung der Form, das war einmalig bis dahin, es ist so geblieben. Kinder sind Engel, sie spielen, tanzen, schaukeln, Engel sind Kinder, Blumenkinder und Sternenkinder. Und bald auch war es kein Unterschied, ob die Figur äußerlich an sächsische Umgebung gebunden war wie die Beerenkinder, oder ob Anregungen von weiten Reisen Grete Wendts in die Gestaltung eingingen. Hinaus in die weite Welt kamen die Grünhainichener W & K-Kinder ohnehin. Es gab Zeiten, da waren sie zu Hause gar nicht zu kaufen. Seit 1990 ist die Firma wieder privatisiert, und sie ist zwar knallhart dem Markt ausgesetzt, aber sie pflegt ihr Vermächtnis: Die schönen Dinge fürs Gemüt, einst aus Not im Erzgebirge geschnitzt und gedrechselt, zu erhalten für einen ruhigen inneren Ausgleich der Hast in diesem Jahrhundert. Was Grete Wendt und später ihre Partnerin und Schwägerin Olly Wendt auf die kräftigen Beine der Engel-Blumenkinder stellten, war freilich auch als niedlich verspielt, irreführend idyllische Beschaulichkeit angefochten. Was aber hätten wir, bedenken wir dieses ganze Jahrhundert, nötiger, als Besinnlichkeit?

Reinhold Lindner

*Diese musizieren-
den Weihnachts-
engel gehören zu
den rund 460 ver-
schiedenen Figuren,
die in der Wendt
und Kühn KG
in Grünhainichen
noch heute
gefertigt werden*

49

1916

Geld wurde immer knapper

Kriegsauswirkungen führten in Chemnitz dazu, dass sich die Tätigkeit der Stadtverwaltung hauptsächlich auf die Bewältigung kriegsbedingter Probleme erstreckte. Nur noch selten fanden Rats- und Stadtverordnetensitzungen statt.

Die Verwaltung übte sich darin, mit ständig geringer werdenden Mitteln auszukommen. Zur Organisation all dessen, was mit der Kriegslage zusammenhing, wurden ein Kriegsfürsorgeausschuss und drei Kriegswirtschaftsämter gebildet.

Allein die Kriegsfürsorge benötigte 18 Millionen Reichsmark zusätzlich, darin waren noch nicht die Summen für die Sicherstellung der Ernährung und die Aufrechterhaltung des Haushaltplanes enthalten. Der sich verschlechternden Finanzsituation der Stadt begegnete man mit Steuererhöhung und der Erschließung neuer Steuerquellen.

Einschränkung, Sparsamkeit und Verzicht, so lautete die Devise für die Familie wie auch für die Stadt. Wenn noch 1915 eine recht erfreuliche Bilanz gezogen werden konnte, die vorwiegend aus Überschüssen städtischer Einrichtungen wie Elektrizitätswerk, Markthalle, Stadtbank und Sparkasse entstanden waren, so änderte sich die Situation ein Jahr später. Das Polizeiwesen und die Wohlfahrtspflege verlangten beträchtliche Mehrausgaben. Die Stadt reagierte darauf. Man stellte 1916 große und neue Aufgaben zurück und vertagte sie auf die Zeit nach dem Krieg.

Die Straßenbahn fuhr in größeren Zeitabständen und oft nicht bis zu den Endhaltestellen. Gaswerk und Elektrizitätswerk erhöhten die Preise. Für Gas wurde ein Kriegszuschlag von einem Pfennig pro Kubikmeter erhoben und Strom um zehn Prozent verteuert. Die Krankenhäuser stellten sich auf die Betreuung von Verwundeten ein, 150 Kriegsgeschädigte sollten aufgenommen werden können. Die Friedhofsverwaltung gestaltete einen Heldenfriedhof.

Besondere Probleme gab es in den Schulen. Da sich ein großer Teil der Lehrer im Kriegsdienst befand und bereits 65 Volksschullehrer gefallen waren, kam es zu häufigen Unterrichtsausfällen. Um dem zu begegnen, verkürzte man Stundenpläne und legte Klassen zusammen. Auch die Ernährungssituation wurde kritisch. Man orientierte zunehmend auf Selbstversorgung. Dafür wurde Brachland nutzbar gemacht. Etwa 800 Familien sollten sich dadurch zusätzlich mit Obst und Gemüse ernähren können. Belustigungen auf Jahrmärkten wurden verboten und die Polizeistunde eingeführt.

Zusätzliche Belastung brachte eine Wetterkatastrophe. Am Nachmittag des 27. Mai verfinsterte eine Wolkenwand den Himmel. Ein Regenguss mit Hagelwetter ging über dem Westen und Norden der Stadt nieder, während es im Süden und Osten nicht einmal regnete. Beobachter schilderten, dass die Windhose mit ihrer leuchtenden Wolkenwand einer Feuersbrunst geglichen hätte. Menschenleben waren aber nicht zu beklagen, sie starben an der Front.

Gabriele Viertel

Rochlitzer Tageblatt

Amtsblatt

für die Königliche Amtshauptmannschaft, das Königliche Amtsgericht und den Stadtrat zu Rochlitz

zugleich Lokalblatt für Wechselburg.

Erscheint täglich abends
mit Ausnahme der Sonn- u. Feiertage.

Bezugspreis:
vierteljährlich 1,80 Mark

Anzeigenpreis:

Geschäftsstellen:
Rochlitz: Hauptstraße 120;
Leisaben Nr. 4.
Geringswalde:
bei Herrn Curt Sommer;
Wechselburg: bei Herrn H. Saupe
Geithain:
bei Herrn Wilhelm König

Nr. 176. Rochlitz, Sonnabend den 1. August 1914. **95. Jahrgang.**

In dem Gehöft des Gutsbesitzers Max Dathe in Hermsdorf b. G. ist die Schweine-
pest festgestellt worden.
959 g D. Kgl. Amtshauptmannschaft Rochlitz, 30. Juli 1914.

Der 2. Teilbetrag der
staatlichen Grundsteuer
auf das laufende Jahr ist am 1. August fällig und mit 2 ⅓ auf die Steuereinheit
längstens bis zum 14. August d. J.
an die hiesige Stadtkasse zu bezahlen. — Nach Ablauf der Frist beginnt das Mahnverfahren.
Rochlitz am 31. Juli 1914. Der Stadtrat.

Gefunden
ein Damengürtel mit Metallverschluß. — Näheres Ratskanzlei.
Rochlitz am 30. Juli 1914. Der Stadtrat zu Rochlitz.

Obstverpachtung.
Sonntag, den 2. August vormittags ½ 11 Uhr soll die Obstnutzung der Gemeinde
Zaßnitz in kleineren Parzellen meistbietend verpachtet werden.
Der Gemeindevorstand.

Deutschland in Kriegszustand.

Berlin, 31. Juli. Aus Petersburg ist heute die Nachricht des deutschen Botschafters eingetroffen, daß die
allgemeine Mobilmachung der russischen Armee und Marine befohlen worden ist. Darauf hat seine Se. Majestät der
Kaiser den Zustand der drohenden Kriegsgefahr befohlen. Se. Majestät wird heute nach Berlin übersiedeln.
Berlin, 31. Juli. Se. Maj. der Kaiser haben auf Grund des Artikels 68 der Reichsverfassung das Reichs-
gebiet, ohne Bayern, in Kriegszustand erklärt. Für Bayern ergeht die gleiche Anordnung.

Dom österreichisch-serbischen Krieg.

Das Rochlitzer Tageblatt vom 1. August 1914 berichtet über die Erklärung des Kriegszustandes durch den Kaiser

Durch den massiven Einsatz von Tanks will das englische Oberkommando 1917 bei Cambrai eine Wende im Stellungskrieg erreichen. Ein erbeuteter englischer Tank wird abtransportiert

1917

Weinhold erfand die Thermosflasche

CHRONIK

Zar Nicolaus II. dankt in Petersburg ab, es kommt zur Oktoberrevolution
∎
Der amerikanische Kongreß stimmt der Kriegserklärung gegen Deutschland zu
∎
Fünf Todesurteile nach Matrosenmeuterei in Wilhelmshaven
∎
In Frankreich wird die weltberühmte Sängerin Mata Hari wegen Spionage für Deutschland erschossen
∎
Eine Mißernte 1916 führt zum „Kohlrübenwinter"
∎
In Oelsnitz/Erzg. findet am Rathaus eine Hungerdemonstration von Frauen statt
∎
John F. Kennedy wird geboren

Ein Zufall war diese Erfindung gerade nicht, aber der Lehrer und Professor an der Königlichen Gewerbeschule in Chemnitz ließ sich seine Idee nie patentieren, es interessierte ihn wohl auch weniger der praktische Wert im Alltäglichen als vielmehr ihr Nutzen für seine Experimente.

Adolf Ferdinand Weinhold, geboren am 19. Mai 1841 in Zwenkau, seit 1862 an der Königlichen Gewerbeschule in Chemnitz, war ein begabter Experimentalphysiker. Viele seiner Kollegen kamen nach Chemnitz, um seinen Experimenten beizuwohnen. Und ein Experimentalphysiker, der braucht Geräte, die liebte der gute Weinhold. So ließ er sich zum Ärger seiner Frau bei des Königs Besuch keinen neuen Anzug schneidern, sondern er kaufte für das Geld eine der gerade erfundenen Rechenmaschinen aus Frankreich. Und sein Freund Ernst Abbè aus Jena musste sich diesen Apparat wie auch eine neumodische Schreibmaschine ausleihen, denn die Firma Zeiss konnte sich damals solch kostspielige Anschaffungen nicht leisten.

Weinhold also, der Rufe an die ETH in Zürich und an die Uni Jena bekam, er war ganz zufrieden mit seiner Chemnitzer Existenz. Im Laborgebäude (heutiger Böttcher-Bau) hatte er eine große Dienstwohnung, die er schon 1877 elektrisch beleuchtete, und den Dampf der Zentralheizung nutzend, baute er sich auch ein Bad ein.

Doch irgendwie und irgendwann ärgerte es ihn, dass er kein rechtes Gefäß hatte, flüssige Luft zu transportieren. Da kam er auf den Gedanken, sich ein entsprechendes Gefäß selbst zu konstruieren,

die Thermosflasche war in diesem Falle das Ei des Columbus. Sie war zwar zum Transport kalter Flüssigkeit erdacht, aber natürlich auch zum Warmhalten von heißer Flüssigkeit geeignet. In einem seiner Bücher hat er diese Erfindung ganz nebenbei beschrieben und darauf verwiesen, dass „Gefäße dieser Art" die Firma Burger & Co. liefert.

Weinholds wissenschaftliche Leistungen liegen auf vielen Gebieten. Er sorgte dafür, dass 1882 die Elektrotechnik eigenes Studienfach in Chemnitz wurde, er kümmerte sich als Gutachter um Blitzableiter und Telefonanlagen. Er schrieb einen „Leitfaden für den physikalischen Unterricht", der 1944 in 24. Auflage erschien.

Dass er gern ein Bier trank, macht ihn nicht gerade unsympathisch, obwohl er als Student deshalb einmal mit den Leipziger Nachtwächtern in Konflikt kam.

Weinhold war eine jener Erfinderfiguren, wie sie die technische und industrielle Entwicklung des ausgehenden 19. Jahrhunderts hervorbrachte. Er starb am 2. Juli 1917 in Chemnitz.

Dr. Klaus Walther

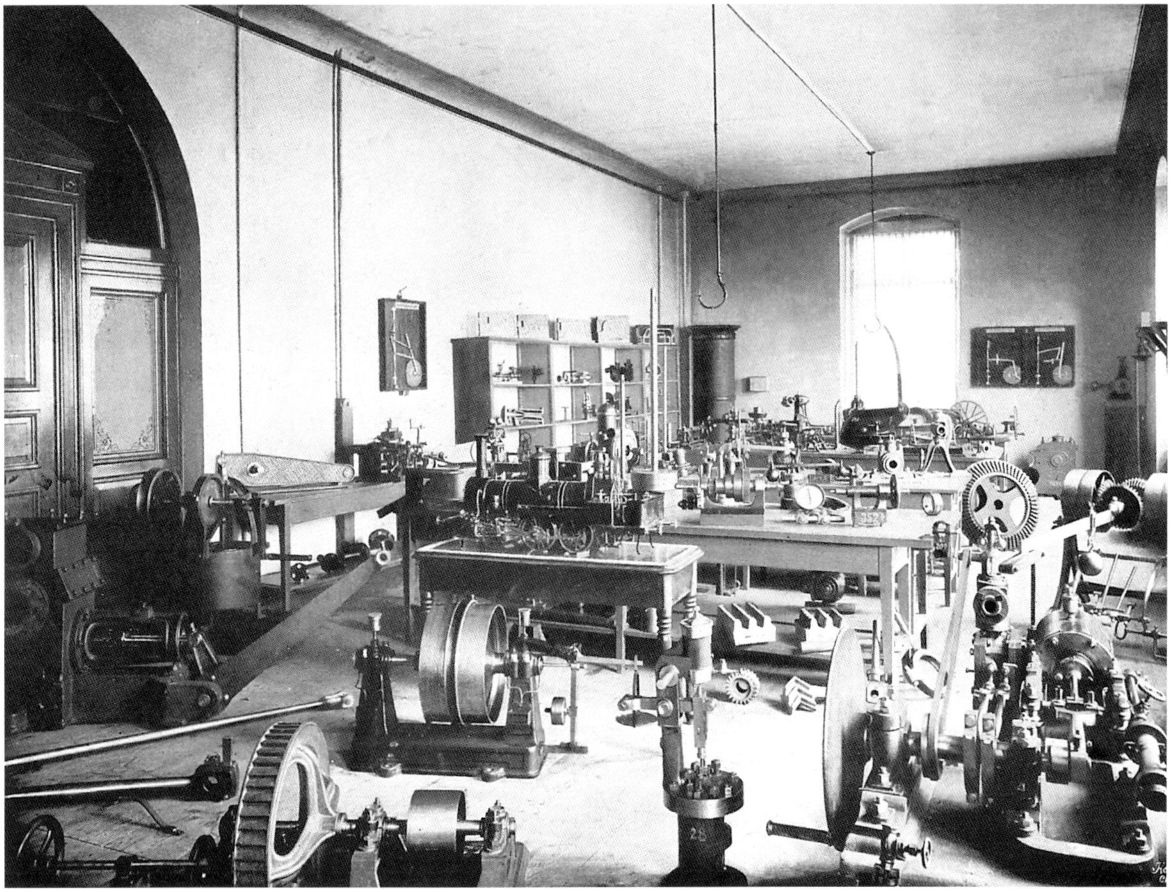

*Der geniale Experi-
mentalphysiker
sorgte dafür, daß in
Chemnitz 1882
die Elektrotechnik
eigenes Studienfach
wurde*

*Maschinensaal der
Technischen Lehr-
anstalten Chemnitz,
in der Adolf Ferdin-
and Weinhold lehrte*

1918

Ein Plauener Mahnmal

Zu den beeindruckendsten Mahnmalen gegen den Krieg gehört ein Gemeinschaftsgrab im südlichen Teil des Plauener Hauptfriedhofes. Fünf hohe Birken und ein helles Steinkreuz erheben sich über einem gepflegten Rasen-Geviert von gut 300 Quadratmetern. Eingerahmt wird das Areal von Blumen, die der Jahreszeit entsprechen und einem Streifen aus Steinplatten. Darauf stehen, aus dem Stein herausgearbeitet, 226 Frauen- und Mädchennamen. In der Mitte hinter dem Grab fesselt ein großer Kalksteinquader die Blicke des Besuchers. Mit vier Steinkugeln trägt er eine schwere dachförmige Platte aus demselben Material, die wie ein Schutz das Denkmal abschließt. Die lakonische Inschrift des vom einstigen Stadtbaurat Wilhelm Goette 1920 geschaffenen Gedenksteins wissen heute nur noch wenige zu deuten: „Den Opfern des 19. Juli 1918".

Hinter dieser sachlichen Widmung verbirgt sich eine unsägliche Tragödie, die dem Schuldkonto jener zuzurechnen ist, welche zu Beginn des 20. Jahrhunderts den ersten Weltkrieg auslösten. Am Nachmittag des 19. Juli 1918, einem Freitag, kam es in der Plauener Kartuschieranstalt, unweit der Kaserne, zu einer der größten Explosions- und Brandkatastrophen im damaligen Deutschland. Ausgänge waren im Moment der Explosion nur schwer zu öffnen, die Fenster des Untergeschosses vergittert. Von den 484 in dieser Munitionsfabrik des AEG-Konzerns Beschäftigten – ausschließlich Frauen und Mädchen – kamen 302 in wenigen Minuten ums Leben, wurden 98 schwer und 28 leicht verletzt. Schlimmeres hatte auch das Trommelfeuer vor Verdun in den Schützengräben der kaiserlichen Kompanien nicht anrichten können.

Aus den Unterlagen im Plauener Stadtarchiv geht hervor, daß die AEG die Kartuschen in ihrer früheren Glühlampenfabrik herstellen ließ. Von 1914 bis 1918 waren Kartuschen das profitablere Geschäft, ob nun ein Betriebsgebäude den Anforderungen für diese Produktion entsprach oder nicht. Was scherte die Herren der Rüstung im letzten Kriegsjahr der Tod hunderter billiger Arbeiterinnen, darunter viele 14- und 16-jährige, deren Gräber sich auch noch anderenorts befinden. Schließlich verlor allein Plauen an den Fronten des ersten Weltkrieges 3 004 Männer.

Wer heute an diese Stätte der Erinnerung kommt und in Rechnung stellt, dass der zweite große Kriegsbrand drei Viertel der Stadt zerstörte, der versteht, warum die Stadtväter des wiedererstandenen Plauens an der im Zentrum des Friedhofs befindlichen Gedenkstätte für die Opfer des Faschismus Julius Fučíks Mahnung in Stein hauen ließen: „Menschen ich hatte Euch lieb. Seid wachsam."

Klaus Müller

CHRONIK

Bolschewistische Bewacher ermorden in Jekaterinenburg (Swerdlowsk) die Zarenfamilie

■

Zwischen Deutschland und den Alliierten kommt es zu einem Waffenstillstandsabkommen

■

In München wird die Bayerische Volksrepublik ausgerufen

■

680 000 Rüstungsarbeiter treten in den Streik

■

Eine Grippewelle fordert von September bis Dezember 196 000 Tote

■

Prinz Max von Baden wird deutscher Reichskanzler

Dieses Mahnmal
auf dem Plauener
Hauptfriedhof
erinnert an die
Tragödie vom
19. Juli 1918

Verhandlungsteil-
nehmer der Alliier-
ten und der deut-
schen Regierung
über einen Waffen-
stillstandsvertrag,
mit dem am
11. 11. 1918 im Wald
von Compiegne der
Schlußstrich unter
den ersten Weltkrieg
gezogen wurde

55

1919

Wirkungen der Novemberrevolution

Das gesellschaftliche Leben und der Alltag der Menschen standen 1919 noch stark unter dem Einfluss der durch die Novemberrevolution 1918 veränderten Verhältnisse. Die neue deutsche bürgerliche Republik entwickelte sich im Widerspruch zwischen Revolution und Konterrevolution. Der Chemnitzer sozialdemokratische Stadtpräsident Dr. med. Hermann Kranold hatte am 21. November 1918 mit vier Soldaten das alte Stadtparlament aufgelöst.

Durch die Bekanntmachung über die Wahlen von Stadtverordneten und Gemeindevertretern vom 28. November 1918 wurde verfügt, dass bis zum 9. Februar 1919 die Neuwahlen in den Städten und Gemeinden durchzuführen waren. Damit wurde zum ersten Mal das allgemeine, gleiche, geheime und direkte Stimmrecht für alle Männer und Frauen, die das 20. Lebensjahr vollendet hatten, und als Deutsche im Gemeindebezirk wohnten, verwirklicht. Zum ersten Mal konnten etwa 100 000 Chemnitzer Frauen ein bürgerliches Recht ausüben. Von 134 683 gültigen Stimmen erhielten die Sozialdemokraten 75 415 und die Unabhängigen Sozialdemokraten – sie waren am 6. Januar 1919 fast geschlossen zur KPD übergetreten – 7294 Stimmen. In dem neuen Stadtparlament ging es mitunter sehr heftig zu. Davon zeugte die Debatte am 21. März 1919 über den städtischen Haushalt. Für den aus einer alten sozialdemokratischen Familie herausgewachsenen Fritz Heckert, der sich in seinen Zielen zu Rosa Luxemburg und Karl Liebknecht bekannte, ging es z. B. bei der Lösung der Wohnungsfrage vor allem um die Kommunalisierung des Wohnungswesens und um die Sanierung ganzer Stadtviertel, da viele Häuser „wahre Krankheitsherde sind". Er bezeichnete es als eine „wahrhaftig große soziale Tat", wenn man den Arbeiter in eine „gute Wohnung bringt". Er stellte in Aussicht, dass man zur Kommunalisierung der Wohnungen möglicherweise auch den Hauswirt entschädigen müsse. Nachdem die Monarchie beseitigt war, fand auch die Errichtung eines Denkmals für König Albert nicht mehr die sozialdemokratische und kommunistische Unterstützung. In diesem Zusammenhang plädierte Fritz Heckert für den Bau eines schönen Brunnens.

Im Sommer 1919 verschlechterte sich die Ernährungssituation für die Bevölkerung drastisch. Anlässlich einer großen Kundgebung auf dem Königsplatz (heute Theaterplatz) kam es am 8. August 1919 zu einer blutigen Auseinandersetzung zwischen der nach Chemnitz eingerückten Reichswehr und den aufgebrachten Massen. Nach Berichten der Tagespresse kamen dabei 27 Menschen ums Leben und 75 Personen wurden verletzt. Dieser Tag blieb in der politischen Auseinandersetzung um den gesellschaftlichen Fortschritt im ersten Jahr der Weimarer Republik für die Chemnitzer Stadtgeschichte schmerzhaft. Heute erinnert ein Denkmal auf dem Bahnhofsvorplatz an dieses Ereignis.

Dr. Gert Richter

CHRONIK

Ukrainische Soldaten ermorden 5000 Juden

■

Rosa Luxemburg und Karl Liebknecht gründen die Kommunistische Partei Deutschlands

■

Erstmals in der deutschen Geschichte nehmen Frauen an der Wahl teil

■

In Weimar wird das Bauhaus gegründet

■

Freiberger Straßenbahn stellt wegen Unwirtschaftlichkeit Betrieb ein

■

Der Zoologe Ernst Haeckel – der „deutsche Darwin" – stirbt in Jena

Das Fritz-Heckert-Haus an der Mühlenstraße. Bis zur Wende als Gedenkstätte genutzt, beherbergt es jetzt den Verein für Kunst

Nicht nur Idylle: Louis Riedel, der vogtländische Heimatdichter wirkte viele Jahre als Lehrer in Meßbach und schrieb zahlreiche Erzählungen, Gedichte und Theaterstücke

57

1920

Max Hoelz im Vogtland

Mühsam erreicht er Falkenstein mit dem Zug. Die Wagen sind überfüllt, er muss sich durch ein Klosettfenster in den Waggon zwängen. Er denkt an seine kranke Frau, aber mehr noch beschäftigt ihn, „dass die deutschen Arbeiter und Soldaten, dem Beispiel der Russen folgend, Arbeiter- und Soldatenräte bildeten. Was ich damals hörte und erlebte, wurde im wahrsten Sinne des Wortes zu einer Offenbarung für mich."

Max Hoelz, der „rote Husar", wie er bald heißt, kehrt ins Vogtland zurück, wo er als Landvermesser und Filmvorführer bis zum Kriegsbeginn gelebt hat. Er wird ein Rebell, er scheucht den Bürgermeister in einem Schandlauf durch die Stadt, gründet einen Arbeitslosenrat.

Er wird gesucht, aber die Truppen, die ihn festnehmen wollen, trauen sich nicht, sie werden aus der Stadt getrieben. Max Hoelz wiederholt unter anderen Umständen, was der Rebell des Erzgebirges, Karl Stülpner, gut hundert Jahre zuvor an ähnlichen Husarenstücken unternahm: Er ist der große Rächer der Armen: „In einer Sitzung des Arbeitslosenrates erschien ein Blinder, der seinen kümmerlichen Unterhalt mit Korbflechten verdiente, und bat um ein Darlehen von tausend Mark, um sich Weiden für seine Arbeit kaufen zu können. Ich sandte sofort ein Mitglied des Vollzugsrates zu einem steinreichen Großhändler, dem die Unmassen seines Geldes große Sorgen bereiteten, ließ ihn holen und forderte ihn auf, dem Blinden das Gewünschte zu geben: der arme Reiche erklärte sich dazu bereit", schreibt Max Hoelz später in seiner Autobiografie „Vom ‚Weißen Kreuz' zur ‚Roten Fahne'".

Hoelz, der Ritter der Armen, der Vater einer roten Republik im Vogtland. Er wird gesucht, er kann sich verstecken, er macht, was er will, die KPD schließt ihn aus. Er lässt Bomben detonieren in Dresden, Leipzig, Freiberg. Seine Soldaten überfallen Banken und Sparkassen, er gerät in Gefechte, schließlich wird er gefasst. Man verurteilt ihn zu lebenslänglichem Zuchthaus.

Und nun ist er ein Opfer, ein Märtyrer. Er wird als Gefangener Spitzenkandidat der KPD, er bekommt den Rotbannerorden, und deutsche Intellektuelle setzen sich für ihn ein, als es sich erweist, dass das Delikt, für das man ihn verurteilt, von einem anderen begangen wurde.

Das Reichsgericht beschließt seine Freilassung. Hoelz kommt nun als Massenredner nochmals ins Vogtland, wird bei einer Versammlung in Bad Elster zusammengeschlagen. Nun geht er in die Sowjetunion, und angeblich kommt er bei einem Bootsausflug am 15. September 1933 auf der Oka ums Leben. Aber es gibt manchen Zweifel an dieser Darstellung. War Hoelz ein Opfer des Stalinismus? Jedenfalls war er ein Rebell, der in keine Partei oder Organisation so recht passte. Aber zur Geschichte des Vogtlandes in den Jahren nach dem Ersten Weltkrieg gehörte er.

Dr. Klaus Walther

58

Max Hoelz
wird nach seiner
durch Amnestie
erlassenen lebens-
länglichen Zucht-
hausstrafe auf
dem Schlesischen
Bahnhof in Berlin
von Rot-Front-
Kämpfern jubelnd
begrüßt

Das Max-Hoelz-
Denkmal
in Falkenstein

59

1921

Schwarzer Tag für Oelsnitz

CHRONIK

In Kanada gelingt es erstmals, Insulin zu isolieren

Deutsche Reparationsleistungen aus dem Weltkrieg werden auf 226 Milliarden in 42 Jahresraten festgelegt

Nach einer blutigen Schlacht im Münchner Hofbräuhaus nennt Hitler die Schlägertruppen der NSDAP „Sturmabteilung" (SA)

Mit der „AVUS" in Berlin wird die erste Autobahn Deutschlands (10 Kilometer) eingeweiht

Charly Chaplins erster abendfüllender Film („The Kid") hat in den USA Premiere

Der 24. Januar 1921 ist als einer der schwärzesten Tage in die Geschichte des Oelsnitz/Lugauer Steinkohlenreviers eingegangen. Der körperlich schwere und zudem gefährliche Beruf des Bergmanns war für viele Familien in Oelsnitz und Umgebung nahezu die einzige und auch die mühseligste Möglichkeit des Broterwerbs. Wie lebensgefährlich jede Einfahrt in die Schächte war, sollte sich an diesem 24. Januar 1921 auf furchtbare Weise bestätigen.

Es war ein Montag. Pünktlich 6 Uhr begann die Einfahrt, 600 Meter unter die Erde. Gegen 7 Uhr waren die Kumpel an ihren Abbau-Orten angelangt. Wenig später geschah das Unglück. 7.08 Uhr erfolgte eine gewaltige Explosion. Ein mächtiger Luftstoß und ein dumpfes Grollen durchbebte den ganzen Schacht.

Der schreckliche Ruf, der das Blut in den Adern gerinnen ließ, ertönte aus allen Richtungen: „Schlagwetterexplosion!" Männer der nicht vom Unglück betroffenen Reviere verließen fluchtartig ihre Arbeitsstätten. Aber viele Beherzte liefen auch zur Unglücksstelle. Mein Großvater, Johann Havel, gehörte zu ihnen. Er hat in den Jahren danach immer wieder versucht zu beschreiben, was sich dann vor Ort abspielte. Er sah durch die ungeheuerliche Hitze der Schlagwetterentzündung zusammengeschrumpfte Leiber, darunter Kumpel aus seiner Nachbarschaft ... Was sich in der Grube abspielte, zitiere ich deshalb aus „Bergmannslos", einer Chronik des Unglücks: „Den Augenzeugen bot sich hier ein schauerlicher Anblick. Grauenhafte

Szenen spielten sich ab. Tote und Verletzte lagen haufenweise, mit den Gliedern ineinander verschlungen. Verletzte brüllten förmlich vor Schmerz, wehklagten oder führten irre Reden. Man ging zunächst daran, die Verletzten zu bergen."

Übertage spielten sich herzzerreißende Szenen ab, wenn eine Frau unter den zunächst 39 Toten ihren Gatten erkannte. Weitere 15 Bergleute erlagen wenig später ihren schweren Verletzungen. 40 Familien verloren ihren Ernährer, darunter neun Kinder einer Familie ihren Vater. Eine alte Frau trauerte um Sohn, Schwiegersohn und Enkel.

Wie konnte es überhaupt zu der schweren Explosion kommen? Aus dem Untersuchungsbericht des Sächsischen Bergamtes geht hervor, der in der Nacht den Bereich befahrende Steiger habe 0.30 Uhr den Sonderventilator in Betrieb gesetzt und danach das Ort schlagwetterfrei vorgefunden. Er will den Ventilator nicht wieder abgeschaltet haben. Zeugen sagten dagegen aus, er habe sich früh nicht in Betrieb befunden. Nach dem Unglück lief der Ventilator wieder. Es wurde nicht ermittelt, wer ihn aus- und später wieder eingeschaltet hatte.

Am Unglücksort fand sich auch eine geöffnete Grubenlampe, die die Schlagwetter entzündet haben könnte. Es bleibt trotzdem ein Rätsel, denn die Sicherheitsgrubenlampen ließen sich nur mittels eines Spezialmagneten Übertage öffnen ...

Jochen Burkhardt

*Die Bergbauland-
schaft um Oelsnitz
war ein bevorzugtes
Motiv für die 1870
in Borna geborene
und später in
Chemnitz wirkende
Malerin und Gra-
fikerin Martha
Schrag*

*Das Bergbaumu-
seum Oelsnitz erin-
nert an die reichen
Traditionen im
Oelsnitz/Lugauer
Kohlerevier*

61

1922

Anton Günthers Traum

CHRONIK

Mit dem Vertrag von Rapallo erfolgt die erste völkerrechtliche Anerkennung Russlands durch Deutschland

■

In Moskau wird die UdSSR gegründet

■

Der indische Freiheitskämpfer Gandhi erhält wegen Aufrufes zum zivilen Ungehorsam gegenüber der britischen Herrschaft sechs Jahre Haft

■

In Leipzig findet ein imposantes Fest von 100 000 Arbeitersportlern statt

■

Max August Schreyer, Dichter des Liedes „Vuglbeerbaam", stirbt in Johanngeorgenstadt

■

Deutschlands Außenminister Walter Rathenau wird von Gegnern des Rapallovertrages ermordet

Anton Günther trifft in Gottesgab auf dem Weg zum Taiber Bäck den alten Salzer. „Gestern on heit liegt der Naabel büscheldick", und bei Günther weiß man, dass er nicht das Wetter allein meint. 1922 drücken schwere Sorgen auf das Erzgebirge. Am Tag vor diesem Dorfstraßengespräch unter Männern „hot en Schlebeck Seff sei Fraa gesogt: ‚Die Mark gilt gar nischt meh'. Do is alles nooch Wiesenthol gerennt, derbei is de Mark wieder gestiegn." Der Inflationskurs geht von Stunde zu Stunde rauf und runter.

Was der Mundartdichter Anton Günther in diesem Jahr 1922 schreibt, ist von den Sorgen und Wirrnissen der Nachkriegszeit ganz besonders stark beeinflusst, Melancholie, eine gewisse Ausweglosigkeit durchweben seine Texte. Ein Jahr später, Anfang 1923, bringt er seine bedrückte Ansicht der Dinge dieser Welt zu Papier: „Wos en Alten ven Barg getraamt hot", der Inhalt war seinerzeit offenbar weniger der Verbreitung wert als das neue Attribut, das man von nun an für den „Tolerhans Tonl" parat hatte: Der Alte vom Berg. Wer Gottesgab kennt und sich die mühsame Existenz der Bergbauern hier wie überall auf dem Erzgebirgskamm vorstellen kann, wird die Stimmung Anton Günthers nachvollziehen können, wenn auch nicht alle seine Schlussfolgerungen. Aber das Jahr 1922 war nicht nur von den Sorgen der Inflation geprägt. „Wie's do onter de Menschen is, su habn mer'sch ober aah mit'n Watter." Es gibt seit Jahren keinen „rachtschaffene Sommer", der Alte ven Barg „hatt sei Gros schu drei Wochen in de Schwoden liegn". Und wenn der Bergbauer kein Heu zu stande kriegt, ist Sorge vorbestimmt. Schlussfolgerung: „De Sonn getraut sich gar nimmer of daaner Ard rozegucken..." Anton Günthers Traum aber war kein rein privates Anliegen, auch er hatte die schön empfundenen Jahre vor dem Weltkrieg, in dem all seine bekannten Lieder entstanden, nicht wiederkommen sehen. Dennoch rafft auch er sein bisschen Zuversicht zusammen, es entstanden 1922 immerhin auch seine hoffnungsvollen Verse „Wenns Frühgahr kömmt".

Die Popularität des erzgebirgischen Volkssängers, der 1876 in Gottesgab geboren wurde, Zeit seines Lebens dort blieb, bis er 1937 selbst sein Dasein beendete, erklärt sich aus dem Zusammengehörigkeitsgefühl der Erzgebirgsbewohner, das in der Lust zum Singen einen prägenden Ausdruck findet.

So sind die Mundartlieder Günthers bis heute populär geblieben, es ist ihnen und ihrem Einfluss in späteren Zeiten zu danken, dass sich erzgebirgische Mundart einigermaßen erhalten kann und, wenn auch mühsam, wieder zu verbreiten beginnt. Zu Jahrhundertbeginn entstand eines der schönsten und bekanntesten Lieder Anton Günthers, „Der Kuckuck", aber er schrieb 1900 auch die lustigen Verse „Ven alten Schlog", eine Fürsprache der Genügsamkeit und einfachen Lebensweise der Gebirgsbewohner. Der Volkssänger ist eine der Jahrhundertpersönlichkeiten unserer Heimat.

Reinhold Lindner

*Der Mundartdichter
Anton Günther:
„'s is Feierohmd"
wurde sein bekann-
testes Lied*

63

1923

Weltreisender aus dem Gebirge

CHRONIK

Die Türkei wird zur
Republik erklärt.
Erster Präsident:
Kemal Atatürk
■
In München scheitert
ein Putsch Hitlers
und der SA zur
Machtergreifung
■
Das Rundfunk-
empfangsverbot für
Privatpersonen
in Deutschland wird
aufgehoben
■
Ein Liter Milch
kostet 4000 Mark
■
Die Reichswehr
schießt ohne
Warnung in eine
spontane Menschen-
ansammlung
(Freiberger Blut-
sonnabend, 29 Tote)
■
Jaroslav Hašek
(„Die Abenteuer
des braven Soldaten
Schwejk während
des Krieges") stirbt
39-jährig
in Ostböhmen

Kaum jemand in der weiten Welt nahm in diesem Jahr Kenntnis davon, dass im erzgebirgischen Seiffen ein Spielzeugmacher verstarb. Verständlich, denn das Jahr hatte ja manche Turbulenzen zu bieten: Inflation und Wirtschaftskrise, eine schwankende deutsche Republik und ein paar Leute, die zehn Jahre später mit ihren Lederstiefeln Deutschland ins Verderben treten sollten. Aber immerhin, wenn auch Seiffen fast am Ende der Welt lag, es würde sich im nächsten halben Jahrhundert zeigen, dass Seiffens Name weit in der Welt bekannt werden sollte, und nicht zuletzt wegen jenes Mannes aus einer alten Spielzeugmacherfamilie.

Seiffen ist, man weiß es, das Zentrum der erzgebirgischen Spielzeugmacherei. Als der Bergbau die Menschen hier nicht mehr ernährte, begann Mitte des 17. Jahrhunderts die Holzverarbeitung. Engel und Bergmann, Räuchermänner und Lichterspinnen, Reifentiere und Spanbäume sind die Erzeugnisse, die sich mit diesem Ort und seinen Gewerken verknüpfen.

Und auch der Nussknacker gehört dazu, eine Figur, die nach Aussagen des Volkskundlers Prof. Manfred Bachmann erstmals 1650 in Berchtesgaden genannt wurde. Später taucht sie in Sonneberger Musterbüchern auf. Und auch im Märchen, in Literatur und Musik findet sich der Nussknacker: E. T. A. Hoffmann schrieb das Märchen „Nussknacker und Mäusekönig" und Peter Tschaikowski komponierte die „Nussknackersuite".

Was Wunder, dass der Nussknacker auch im Spielzeughandwerk Seiffens seinen Platz fand.

Und aus mancherlei Vorfahren wuchs eine Figur, deren Vater der Seiffener Spielzeugmacher Wilhelm Friedrich Füchtner (1844 – 1923) war. Er schuf mit seinem Seiffener Nussknackerkönig den Prototyp aller künftigen Nussknackerleute. Dessen Krone hat die Besonderheit, dass sie sich mit dem schwarzen Bergmannshut verknüpft, die goldenen Zacken sind auf dem Hut aufgemalt.

Noch heute kommt aus der Werkstatt der Füchtners eben dieser besondere Nussknacker. Andere Nussknackerhersteller kamen dazu, Rudolf Ender aus Borstendorf und Walter Tränkner aus Neuwermsdorf, Richard Gläßer und Hans Reichelt, die Namensliste ließ sich fortsetzen. Und leider müßte man auch eine Liste der albernen, kitschigen Gestaltungen dieser Figur aufführen.

Doch der richtige erzgebirgische Nussknacker ist ein Weltreisender geworden, und er war ein Reisender zwischen den Welten: Im getrennten Deutschland reisten die Nussknacker zu Tausenden aus dem Osten in den Westen, nicht um dort die Nussknackerzähne zu zeigen, sondern als Dank für manche ideelle und materielle Zuwendung. Dass nun heute die Menschen aus westlichen Gefilden nach Seiffen reisen, es hat hier seine Quellen. Und in die Welt reiste und reist der Nussknacker auch heute: In Princeton im fernen USA-Staat New Jersey sah ich im festlich dekorierten Shop der Eliteuniversität neben Engelchen und Sternchen auch einen handfesten Gesellen aus dem Erzgebirge, einen Füchtner-Nussknacker.

Dr. Klaus Walther

64

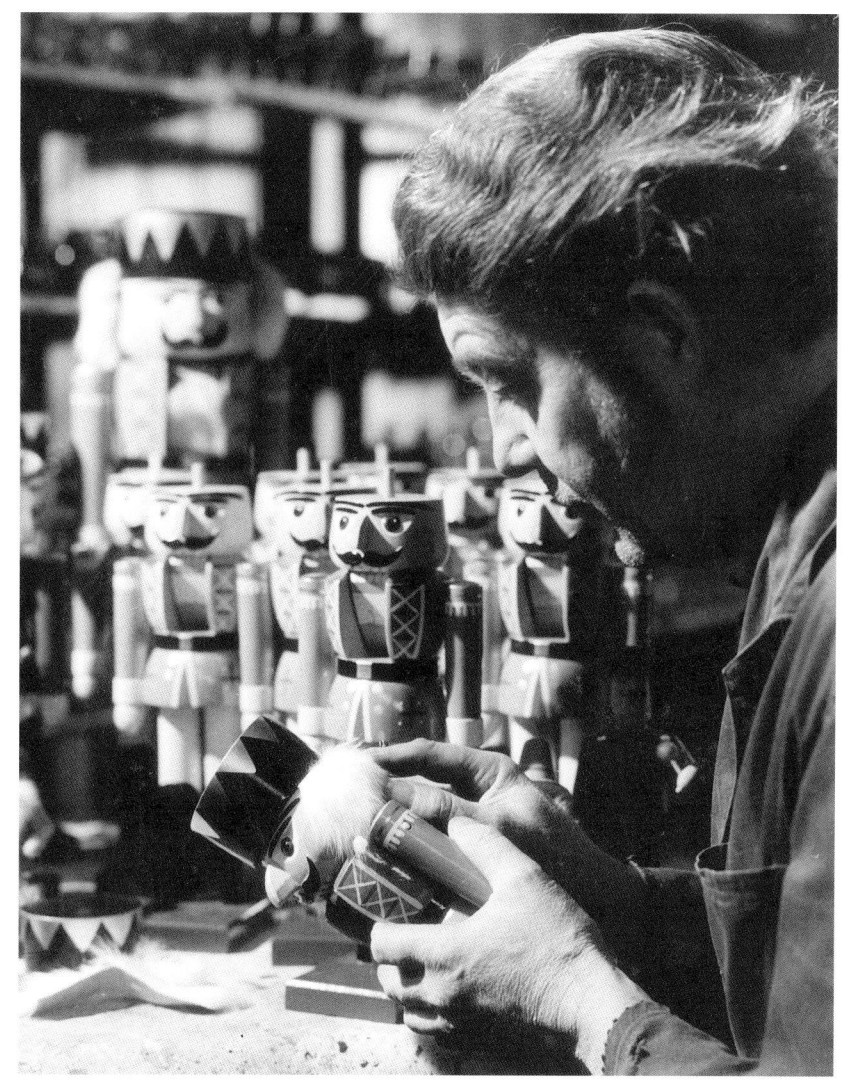

Der Nussknacker fand auch auf den Bühnen der Welt seinen Platz. Im gleichnamigen Ballett von Peter Tschaikowsky trug er in der Chemnitzer Oper einen Maßanzug Modell Erzgebirge

Einer aus der Füchtner-Familie, die den Seiffener Nussknacker schufen

1924

Millionen Milliardäre

Der 11. Oktober 1924 schien die verheerende Inflation in Deutschland zu beenden. Anstelle der Papierwährung wurde die Goldwährung wieder als Maß festgesetzt. Man wusste nicht ein und nicht aus. Noch ein Jahr zuvor, fast auf den Tag genau, hatte die „Chemnitzer Allgemeine" das „Neue Geld", die papierne Rentenmark nämlich, als einzig mögliche Vorsorge kommentiert, „breite Schichten des Volkes ... vor der unmittelbaren Gefahr des Verhungerns zu bewahren." Aber die Gefahr war auch 1924 längst nicht gebannt, wie sollte der einfache Mensch die Währungspolitik der Banken und der Regierung verstehen? Die Lasten großer Niederlagen der Politik und der Wirtschaft hatte das Volk zu tragen.

Die Not war riesengroß, und sie blieb groß, zumal die Arbeitslosigkeit weiter anstieg, schlechte Ernten die Ernährungslage zusätzlich belasteten, die unmittelbaren Nachkriegsfolgen bedrückten das Leben der Leute. Eine massive Krise bahnte sich an, bald auch sollte sie weltweit die Wirtschaft umklammern. Der Inflationskurs hatte seit dem 5. November 1923 mit unvorstellbaren Billionengrößen jegliche Kontrolle verloren. Eine Billion Papiermark, wie das Notgeld hieß, entsprach vom 20. November 1923 an der Kaufkraft von einer ehemaligen Goldmark. Um einen Dollar zu erwerben, hätte man zum gleichen Zeitpunkt 130 Milliarden und 225 Millionen Papiermark mitbringen müssen.

Wer Arbeit hatte, bekam den Lohn täglich ausgehändigt, zeitweise gab es sogar zweimal am Tag Auszahlungen. Aber was nützten den Familien die Bündel Geldscheine, wenn sie mittags auf die Hand kamen und am Abend kaum mehr zum Feuermachen im Ofen taugten. Kaum eine Familie, die nicht Exemplare der fieberhaften Notgeldemissionen von Generation zu Generation weitergegeben hat, die phantastischen Scheine, die nichts waren als Scheingeld, weil sie die Bäcker gar nicht mehr annehmen wollten für den Kauf eines Brotes. Mancher hat heute solche bunten Scheine sogar im Bilderrahmen an der Wand hängen, neben den Familienfotos, nicht zuletzt als Erinnerung an das schwere Leben der Vorfahren. Wie absurd für einen Arbeiter, plötzlich über Nacht Millionär geworden zu sein und bald darauf sogar Milliardär, und doch nicht das Nötigste kaufen zu können. In den Dörfern des Erzgebirges und des Vogtlandes war die Lage besonders schlimm, die Wege in die Städte und zu den Geschäften, die noch etwas anzubieten hatten, waren weit, das Bündel Lohn in der Tasche entwertete sich mit jedem Schritt zur nächsten Stadt.

Im alten sächsischen metallurgischen Zentrum in Muldenhütten bei Freiberg allerdings gab es in diesem Herbst 1924 plötzlich viel zu tun. Kurzfristig begann man auf Hochtouren zu arbeiten, denn die neuen Münzen mussten rasch geprägt werden.

Reinhold Lindner

CHRONIK

In Nevada wird erstmals ein Todesurteil in einer Gaskammer vollstreckt

Die ersten Olympischen Winterspiele beginnen in Chamonix

Der homosexuelle Massenmörder und Kannibale Fritz Haarmann wird in Hannover gefasst. Opfer: 24 junge Männer

Die KPD gründet den „Roten Frontkämpferbund" als eigene Wehrorganisation

Der Fahrbetrieb der Fichtelbergschwebebahn wird aufgenommen

In Gorki bei Moskau stirbt am 22. Januar der Gründer Sowjetrusslands, Lenin

Anfang der zwanziger Jahre gallopierte in Deutschland die Inflation. Damals gab es Geldscheine im Wert von bis zu 50 Milliarden Reichsmark

Notgeld der Stadt Döbeln. Die Scheine erzählen auf ihrer Rückseite eine Geschichte um die Burg Kriebstein

1925

Ein unvergessener Mann

CHRONIK

Das im Januar 1923 besetzte Ruhrgebiet ist wieder geräumt

■

Seit Wochen anhaltende Unruhen in Shanghai gipfeln in einen Generalstreik und führen zu britischem Boykott

■

Als „Schutzstaffel" wird von der NSDAP die „SS" gegründet

■

Bei einer Felddienstübung der Reichswehr auf der Weser ertrinken 81 Soldaten

■

In Brunn bei Auerbach wird eines der schönsten Waldbäder des Vogtlandes eingeweiht

■

Der erste Reichspräsident der Weimarer Republik, Friedrich Ebert, stirbt 83-jährig

Damals in den Zeiten nach dem Zweiten Weltkrieg saß ich fast jeden Nachmittag in der Wohnung, die der Dekorationsmaler Bruno Gebhardt im väterlichen Gut in Kühnhaide, eben in diesem Jahr 1925, bezogen hatte. Diese Wohnung war sein erstes Museum. Man trat in die schmale Küche, wo gegenüber einem Sofa der Tisch stand, auf dem zumeist einige Schätze aus seiner Sammlung ausgebreitet wurden.

Das Wohnzimmer daneben war ein Schauraum, und an der anderen Wandseite führte eine Tür nun tatsächlich in ein Arsenal der verschiedensten Sammlungen. Bruno war ein dorfbekanntes Original, wenn er mit dem Fahrrad, an dem die Farbeimer hingen, die Tabakpfeife im Mundwinkel, über die Dorfstraße zog. Und wenn er bei uns malte, dauerte es nicht lange, bis er meinem Großvater ein altes Werkzeug, ein Möbelstück, eine Zeitung abschwatzte.

Bruno Gebhardt war ein Polyhistor, ein Laie, der noch alles wissen wollte, der aus rund sechzig Gebieten Sammlungen entstehen ließ, ein Mann, der in allen Winzigkeiten einen Wert entdeckte. Ach, es war eine Wunderwelt, die mich damals faszinierte: Briefmarken und Münzen, Versteinerungen und Schmetterlinge, Ansichtskarten und Zeitungen, Alltagsgerät aus der bäuerlichen Wirtschaft und mancherlei exotische Gegenstände. Und Bücher über alle Sammelgebiete. Ich verfiel damals diesem gigantischen Sammlerwahn, und ganz sicher ist aus jenen frühen Kinderjahren bei mir ein Sammlerherz gewachsen.

Freilich, Sammler sind, wie Goethe es wusste, glückliche Menschen, aber ich erinnere mich noch sehr genau, dass Sammler-Ehefrauen nicht ganz so glücklich sind, denn Brunos Frau musste des öfteren um einen kleinen Geldschein bitten, damit neben Raupen und Schmetterlingen auch Brot und Butter ins Haus kamen.

Der Sammler Gebhardt ist nur einer von vielen Menschen, die ihren Wissensdrang, ihre Lust an der Welt auf diese Weise ausleben. Der Bauernsohn ohne weitere Schulbildung war ein Autodidakt, er sammelte und häufte seine Schätze, und selbst, wenn er eine Briefmarke ein Dutzendmal hatte, er verschenkte sie nur ungern, Geiz ist oft des Sammlers tiefstes Gefühl. Aber er war ein guter Mensch, er hatte einen verschmitzten Humor und lächelte nur ein bisschen über die Dummheit seiner Mitmenschen, die über ihn lachten.

Ein Jahr vor seinem Tod, geboren am 17. März 1894, er starb am 22. März 1974, wurde er Ehrenbürger von Zwönitz. In den kommenden zwei Jahrzehnten wurde seine Sammlung, die er der Stadt vermacht hatte, von privaten und staatlichen Räubern geplündert. Manches Wertstück verschwand, aber das Wichtigste, das Beispiel dieses Lebens, es blieb. Nach der Wende nun sind Teile seiner Sammlung in Zwönitz im Museum Gebhardtsche Sammlung zu sehen. Sie erinnern an einen Mann, der unvergessen sein sollte.

Dr. Klaus Walther

Blick auf Teile der Gebhardtschen Sammlung im Zwönitzer Museum

Bruno Gebhardt, der in unscheinbarsten Winzigkeiten einen Wert entdeckte

1926

Reisen in die Welt

Wer heute stadtauswärts in Chemnitz ins Fritz-Heckert-Gebiet fährt, dem begegnet inmitten der Plattenbauten ein merkwürdiges Bauwerk. Bruchsteine, gestreckt wie eine Omnibushaltestelle: Was der Vorbeifahrende hier sieht, ist der letzte Rest des ehemaligen Flughafens in Chemnitz.

Eine Erinnerung also ab vergangene Zeiten. Seit 1896 gab es den Verein für Luftschifffahrt. Schon 1911 fanden die ersten Chemnitzer Flugtage unter großer Beteiligung der Menschen aus dem ganzen Umland statt. Damals befand sich der erste Chemnitzer Flugplatz an der Zschopauer Straße landwärts links in Höhe der Pappelstraße. Aber er genügte den Ansprüchen nicht.

Nach längeren Beratungen entschloss man sich 1922 für den Bau des Flugplatzes an der Stollberger Straße. Hier konnte man zumindest unter der Voraussetzung, dass umfangreiche Erdarbeiten zur Begradigung der Anlage erfolgten, einen Platz von 600 mal 600 Meter schaffen.

Am Sonntag, dem 2. Mai 1926, strömten die Menschen zu Tausenden zur Einweihung hinaus zur Stollberger Straße. Der lang erwartete Tag, an dem man sich von Chemnitz aus in die Lüfte erhob und weltweit den Anschluss fand, war endlich gekommen.

Bürgermeister Walter Arlart hielt als Vorsitzender des Aufsichtsrates der Chemnitzer Flughafengesellschaft die Weiherede. Sein Kernsatz lautete: „Von morgen an wird Chemnitz an das Flugnetz und damit an den Weltflugverkehr angeschlossen sein."

Ab 3. Mai 1926 begann der regelmäßige Linienflug in folgende Richtungen:

1. Chemnitz – Plauen – Fürth – Nürnberg mit Anschlüssen nach München, Zürich, Wien und Budapest.

2. Chemnitz – Leipzig – Braunschweig – Hannover – Bremen mit Anschlüssen nach Dortmund, Essen, Krefeld und Düsseldorf

3. Chemnitz – Dresden. Weitere Linienflüge nach Berlin und Prag waren in Aussicht.

Auf Grund der Beschaffenheit der Start- und Landebahn war der Flugverkehr zunächst nur in der schneefreien Zeit möglich. Im September 1926 erfolgten jeweils 216 Starts und Landungen. 1930 hatte der Flugverkehr in Chemnitz mit 4 806 Starts und Landungen, der Beförderung von 9 783 Fluggästen und etwa 90 000 Kilogramm Post-, Fracht- und Zollgut seinen Höhepunkt erreicht. In den folgenden Jahren ging er rapid zurück. Mit Ausbruch des Zweiten Weltkrieges wurde der gesamte zivile Luftverkehr in Deutschland eingestellt.

In den Jahren der DDR blieb der Inlandsflugverkehr zwischen 1958 und 1961 eine Episode. Der Flugplatz und die technischen Anlagen dienten zeitweilig der Gesellschaft für Sport und Technik (GST) zur vormilitärischen Ausbildung. In den siebziger Jahren wurde der inzwischen der GST gehörende Flugplatz nach Jahnsdorf, Kreis Stollberg verlegt.

Dr. Gert Richter

CHRONIK

Deutschland wird in den Völkerbund aufgenommen
■
Roald Amundsen überfliegt im Luftschiff „Norge" den Nordpol
■
Durch Zusammenschluß von Aero Loyd und Junkers Fluggesellschaften entsteht die Lufthansa
■
Die Schwebebahn zur Zugspitze wird eingeweiht. Vom österreichischen Obermoos beginnend werden auf 1500 Meter Länge 1574 Meter Höhe in 16 Minuten überwunden
■
Die Stadt Glauchau weiht einen neuen Bahnhof ein
■
Max Reinhardt – verehrt als großer Bühnenzauberer – feiert sein 25-jähriges Bühnenjubiläum

Dreimal gab es
Luftschiffbesuch in
Chemnitz,
1924 und 1928 –
und nur
eine Landung am
16.11.1930

Auch das ist ein
Ereignis des Jahres:
1926 begann der
Bau der Kober-
bachtalsperre

1927

Und indes die Zeit vergeht …

Nichts ist vergänglicher als die Zeit. Wenn wir nicht sofort aufschreiben, was geschehen ist, schwindet unsere Erinnerung daran. Gäbe es zum Beispiel keine Gerichtsakten mit ihren nüchternen Grausamkeiten, wüssten wir nichts von einem Mann namens Erich Knauf. Der schrieb Bücher und Zeitungsartikel, gab als Lektoratsleiter der Büchergilde Gutenberg-Bücher heraus, war Presse-chef der Filmgesellschaft Terra und erzählte für sein Leben gern politische Witze, wenn ihn sein Freund, der Zeichner Erich Ohser, der sich e.o.plauen nannte, dazu animierte. Dabei saß manchmal der Hauptmann im Oberkommando der deutschen Wehrmacht Bruno Schultz, und der schrieb sich sofort die Spötteleien auf.

Im Nazi-Reich galten politische Witze, sofern sie das eigene Land betrafen, als defätistische Äußerungen. Darauf stand das Todesurteil. Der politische Witz als todernste Angelegenheit. Erich Knauf wurde deswegen am 2. Mai 1944 in Bran-denburg-Görden enthauptet. Sein Freund e.o.plauen erhängte sich am 6. April vor der Hauptverhandlung in seiner Gefängniszelle. Das geschah vor mehr als einem Vierteljahrhundert. Nichts ist vergänglicher als die Zeit.

Als Erich Knauf 1922 von Gera nach Plauen kam, um die Leitung der Feuilletonredaktion der Plauener „Volks-Zeitung für das Vogtland" zu übernehmen, hatte sich Plauen zu einem reichen Industriezentrum entwickelt. In der „Volks-Zei-tung" kritisierte Knauf oft mit satirischen Mitteln das Kulturgeschehen. Er machte sich Freunde und

Feinde. Zum Freund wurde ihm der aus Unterget-tengrün stammende Erich Ohser.

Knauf sah äußerlich wie ein Bürgerschreck aus: Lederjacke, hohe Ledergamaschen. Brave Plauener fürchteten sich vor seinem Anblick. Einmal brachte ihm Ohser das Gedicht eines neuen Freun-des mit, den er in Leipzig kennen gelernt hatte: Erich Kästner. Das Gedicht hieß: „Nachtgesang des Kammervirtuosen" und begann mit den Zeilen: „Du meine Neunte letzte Sinfonie!/Wenn du das Hemd anhast mit rosa Streifen …/Komm wie ein Cello zwischen meine Knie, und laß mich zart in deine Seiten greifen!" Ohser fertigte dazu eine Zeichnung, die ebenso heiter-frivol wie das Ge-dicht war. Knauf amüsierte sich köstlich. Er veröf-fentlichte Gedicht und Zeichnung am 26. März 1927 in der „Volks-Zeitung". 1927 war das 100. Todesjahr Beethovens. Eine ganz eigene Beetho-ven-Ehrung. Wer nicht der Kulturlosigkeit bezich-tigt werden wollte, erinnerte an Beethoven. Da ka-men nun drei halbwüchsige pietätlose Kerle und kicherten in die Andacht. Ohser und Kästner ver-loren sofort ihren Job in der „Neuen Leipziger Zei-tung". So packten sie ihre Siebensachen und mach-ten sich auf in eine neue Stadt: Berlin. Ein Jahr später folgte Knauf. Knauf und Ohser – zwei be-gabte Humoristen – scheiterten damals an der Hu-morlosigkeit der Mächtigen. Humorlosigkeit ist der Vorläufer zur Intoleranz. Und Intoleranz kann, wie das Schicksal beider beweist, tödlich werden.

Wolfgang Eckert

Die „Beethoven"-
Zeichnung Ohsers,
nach Erich Kästners
Gedicht

Das Buch
„Heimat, deine Sterne"
schildert sein schwierig-
tragisches Leben

1928

Eine Höhle wird entdeckt

Wer heute nach Syrau kommt, weiß, was er will. Wenn er die schöne alte Windmühle sieht, dann steht ihm der Sinn nicht nach Höhenflügen, sondern nach dem Abstieg in die Unterwelt. Und dass dies möglich wurde, das kam so:

Im Frühling des Jahres 1928 werkelte ein Steinbrucharbeiter an einer Schieferplatte, aber plötzlich war sein Eisenkeil verschwunden. Der gute Mann schaute ein bisschen verdutzt, aber das Werkzeug hatte sich in einen schmalen Spalt verflüchtigt. Die Öffnung also, die am 14. März 1928 den Keil verschluckte, sie wurde erweitert und erwies sich als Einstieg in ein weitverzweigtes Höhlensystem. Heimatforscher und rührige Gemeindeväter kümmerten sich um die geologische Erkundung und die Beräumung eines Teils der Höhlen. Lehm und Schlick mussten entfernt werden, Geröllmassen wurden abgeräumt.

Wege und Gänge erhielten eine betonierte Decke, Treppen und Brücken wurden eingefügt, Stützpfeiler gemauert, ehe nur sechs Monate später, am 30. September des gleichen Jahres, die Syrauer Drachenhöhle der Öffentlichkeit übergeben werden konnte.

Ihren Namen bekam sie von Alfred Uhlmann, einem Plauener Lehrer, dem ersten Erforscher dieser Unterwelt, der damit an eine alte Sage anknüpfte, die sich mit der Windmühle verknüpfte. So heißt es in der Legende, daß ein Müllerbursche hier den Lindwurm getötet habe, denn der Unhold wollte die schöne Müllerstochter, die nun der tapfere Geselle bekam.

Freilich, die Höhlenbildung hat andere Gründe. Und über den Beginn gibt es unterschiedliche Auffassungen. Einige Forscher meinen, dass die Prozesse bereits im Tertiär begannen, andere verlegen den Zeitpunkt in das Diluvium, also in die Eiszeit, aus der auch Knochenfunde in der Höhle gemacht wurden. Stoßzähne vom eiszeitlichen Mammut und Rentiergeweihe sind heute im Vogtlandmuseum Plauen bewahrt. Aber die Höhle selbst ist seit gut siebzig Jahren eine Attraktion für Hunderttausende Besucher geblieben. Sie ist eine der schönsten Schauhöhlen Deutschlands.

Karl-Robert Preußner, erfahrener Vogtlandwanderer, schreibt: „Von den vielfältigen Tropfsteinbildungen, die in der Höhe zu finden sind, gehören Sinterfahnen, die sogenannten Gardinen, zu den eindrucksvollsten. Sie entstehen, wenn Sinterwasser nicht an einer horizontalen, sondern geneigten Deckenpartie oder Höhlenwand austritt. Alles Sickerwasser sammelt sich in einigen Seen, deren größter (Großer See) 40 m lang und bis zu 5 m tief ist". Und auch der Drache hat hier sein Quartier: Freilich nur als Sinterglocke aus Kalkspat.

Dr. Klaus Walther

*Hier beginnt die
Erschliessung
der Höhlenwelt
in Syrau*

*Eine Holländer-
Windmühle weißt
den Weg
in den Syrauer
„Untergrund"*

75

1929

Der Tonfilm setzt sich durch

CHRONIK

42 Staaten unter-
zeichnen „Genfer
Konvention" über die
Behandlung von
Kriegsgefangenen
■

Der schwarze Freitag,
ein Kurseinbruch
an der New Yorker
Börse führt zur Welt-
wirtschaftskrise
■

Als Folge des
„Berliner Blutmais"
(31 Tote, 1200 Ver-
haftungen) wird der
Rote Frontkämpfer-
bund verboten
■

Berlin nimmt
Abschied von dem
verstorbenen
Heinrich Zille.
Der „Ur-Berliner" war
gebürtiger Sachse
■

Im Gasthof Flöha
gibt der berühmte
sowjetische Geigen-
virtuose Eduard
Soermus eine Probe
seines Könnens
■

Alfred Dost,
Komponist, Dichter
und Heimatkundler,
stirbt in Schneeberg

Die Bilder hatten das Laufen schon gelernt, überall rannten die Leute ins Kino, und der „Kinoer-zähler", wie ihn Gert Hofmann aus Limbach-Ober-frohna in seinem erfolgreichen Roman schildert, er hatte in der Stummfilmwelt seine große Zeit.

Alfred Siegert aus Chemnitz brachte noch sei-nen ersten Karl-Stülpner-Film als Stummfilm in die Lichtspieltheater, gedreht übrigens mit einer Komparserie aus Arbeitslosen im Greifensteinge-biet und in den Altendorfer Turnhallen.

Auch Guido Seeber aus Chemnitz, der frühzeitig die Ateliers in Babelsberg einrichtete, begann mit Stummfilmen. Bedeutende Darsteller wirkten in seinen Frühwerken, wie Asta Nielsen, Paul Wege-ner, Werner Krauß und andere. Doch so, wie er die Filmtrick-Kunst entwickelte, so mühte er sich auch um ein Medium, das Bild und Ton verband. Das „Seeberophon" koppelte einen Stummfilm-Projek-tor und einen Plattenspieler, um Sychronität zwi-schen Ton und Bild zu erreichen. Auch in unseren Gefilden strömten die Kinofreunde ins Seebero-phon in Annaberg.

Manche Vorgänger liefen auf diesem Weg: Die deutschen Kinotechniker Joe Engel, Joseph Mas-solle und Hans Vogt versuchten mit dem nach ih-nen benannten „Triergon"-Verfahren Sprechfilme durchzusetzen. Aber das Patent musste verkauft werden. Erst die Amerikaner brachten Bilder und Ton wirklich zum Laufen - und das Geschäft mit dem neuen Produkt auch. Der „Jazzsänger" wurde bald zum ersten erfolgreichen Tonfilm, gedreht hatte ihn A. Crossland mit Al Jolson. Und dann

kam der erste große Erfolg: „Sonny Boy" brachte innerhalb von vier Wochen den Umsatz von zwölf Millionen Schallplatten. 1929 hatte der Film in Eu-ropa Premiere, und die Filmbranche erklärte: Der Tonfilm hat sich durchgesetzt.

Und Bilder und Töne liefen, liefen, liefen: Der Film wurde das bedeutendste Medium in der ersten Hälfte unserer Jahrhunderts. Noch einmal in die-sem Jahrhundert sollte sich das Werk eines Man-nes aus Sachsen mit dem Film verknüpfen und ein Großereignis zeugen: Nach Lothar-Günther Buch-heims Roman „Das Boot" drehte Wolfgang Peter-sen einen Film, der auch in Amerika ein Erfolg wurde. Buchheim, in Chemnitz aufgewachsen, hatte ein Buch über die Erlebnisse im U-Boot-Krieg geschrieben, und es wurde ein Film daraus, der den Krieg nicht heroisierte, sondern sein grau-enhaftes Gesicht zeigte. Was mit Seeber begann, es fand nun gut ein halbes Jahrhundert später, auch seine technische Perfektion.

Addi Jacobi

Die Erfinder des Ton-Langfilms Joe Engel, Joseph Masolle und Hans Vogt mit den Sprechapparaten für den Tonfilm

Großer Andrang bei der ersten Vorführung des Seeberophon in Annaberg

77

1930

Das Sehen und das Kaufen

CHRONIK

Auf der zweiten
Haager Konferenz
werden die wirt-
schaftlichen Folgen
für den Kriegs-
verlierer Deutschland
endgültig geregelt

■

Ein schweres
Grubenunglück
in Alsdorf bei Aachen
fordert 250 Todes-
opfer

■

Max Schmeling
wird Boxweltmeister
im Schwergewicht

■

Der Film
„Der blaue Engel"
mit Marlene Dietrich
und Emil Jannings
hat Premiere

■

Siegfried Wagner,
Sohn von Richard
Wagner und seit 1908
Leiter der Bayreuther
Festspiele, stirbt in
Bayreuth

Dieser schwungvolle Bogen, den ein Gebäude vom Verlauf der Straße aufnimmt und mitgeht, ist äußerst selten zu finden. So ungewöhnlich die Architektur des Kaufhauses Schocken in der Chemnitzer Brückenstraße wirkte, als es im Mai 1930 eröffnet wurde, so einfach und logisch ist sie. Wie alles Überragende. Denn man kann das Kaufhaus mit der Eschevilla getrost zu den weltbedeutenden Architekturen zählen, die in der Stadt Chemnitz die Baukunst dieses Jahrhunderts repräsentieren.

Erich Mendelsohn, der für die Brüder Salman und Simon Schocken das Kaufhaus entwarf und plante, hatte zum damaligen Zeitpunkt bereits einen hervorragenden Ruf, zu dem seine Handschrift bei der Bebauung des Berliner Alexanderplatzes wesentlich beitrug. Die Schocken-Brüder wussten, was sie wollten, als sie für jenen exponierten Chemnitzer Standort ihres einst in Oelsnitz/E. und Zwickau gestarteten Unternehmens diesen Architekten gewannen: Ein Haus, das der Innenstadt von Chemnitz einen modernen Impuls gibt. Der durch eine damals noch ungewöhnliche Fülle von Glas beinahe schwebende Charakter, der einlädt wie ein großes gegliedertes Schaufenster, die Leichtigkeit der Rundung und der stufenförmig zurücktretenden Obergeschosse, sie geben dem Haus schlichte Eleganz und offenen Einblick.

Freilich blieb das Gebäude inmitten der Stadt nicht verschont von den bald hereinbrechenden Ungeheuerlichkeiten, es teilt in gewissem Sinne die Schicksale seiner Erbauer. Mendelsohn emigrierte drei Jahre nach Eröffnung des Kaufhauses,

und bevor er nach Amerika ging, hinterließ er noch ein bemerkenswert engagiertes Bekenntnis zu Europa: Er betrieb von Holland aus die Gründung einer Europäischen Akademie. Aber es war wohl schon zu spät. Oder war es zu früh für solch kühne Ideen? Und die Brüder Schocken, auch sie konnten dem Terror noch entkommen und in Palästina und New York einen neuen Beginn wagen, das Haus in Chemnitz hatten die Nazis enteignet und – wie so vieles, wenn nicht gar alles, der späteren Vernichtung ausgesetzt. Das Kaufhaus Schocken war schwer bombengeschädigt, konnte indes wieder hergerichtet und später rekonstruiert werden. Es wurde HO-Kaufhaus, später eines der beiden Centrum-Warenhäuser, vielleicht sind in keinem anderen Chemnitzer Gebäude in diesem Jahrhundert mehr Menschen ein- und ausgegangen, obwohl es zu Zeiten der DDR nicht selten eher Warenmangel-Haus denn Warenhaus gewesen ist.

Und nun scheint das Schicksal seiner Bestimmung besiegelt. Als Warenhaus, als Kaufstätte ist es vom Unternehmen Kaufhof preisgegeben. Andere Stellen der Stadt sind heute attraktiver, als es der historische Atem ist. Denn der bringt nichts ein. Und der Gewinn aus Verkaufen, das war ja wohl der Sinn des Hauses, sein Wert wird aber in Schönheit und Geschichte nur noch ideell bemessen sein. Für ein Kaufhaus ist das zweifellos zu wenig, viel zu wenig.

Reinhold Lindner

78

Das Kaufhaus Schocken in Chemnitz (Foto aus den 30er Jahren) zählt zu den herausragenden Architekturzeugnissen des 20. Jahrhunderts. Eine gelungene Symbiose von funktioneller Architektur und dynamischer Form

79

1931

Das neue Museum

Deutschland, Ende der 20er Jahre: Weills Dreigroschenoper und Otto Dix' Großstadt machen Furore; der Tonfilm beginnt seinen Siegeszug, und die Menschen feiern Köhl, Fitzmaurice und von Hühefeld, die als erste den Atlantik von Ost nach West überflogen haben.

Chemnitz erreicht mit 360 000 Einwohnern einen Höhepunkt seiner Entwicklung. Dass es eine moderne Großstadt ist, zeigen der Flugplatz und die drei großen neuen Lichtspielhäuser. Die damaligen Bauwerke legen noch heute Zeugnis ab von dem hohen ästhetischen Standard, aber auch von der Vielseitigkeit der Architektur: die Industrieschule, das Peretz Haus, der Wissmann Hof, Feistel-Villa, Stadtbad, Chemnitzer Hof, Stadtsparkasse und Mendelsohns Kaufhaus Schocken.

Die drei großen Chemnitzer Museen sind im König-Albert-Museum seit 1909 unter einem Dach vereint: Die Kunstsammlung, die naturwissenschaftliche und die ortsgeschichtliche Sammlung. Doch das Museumsgebäude platzt aus allen Nähten, denn die Bestände sind deutlich gewachsen.

Ein ganz unerwarteter Akteur bringt den Stein ins Rollen. 1928 erklärt die evangelische Schlosskirchgemeinde, dass sie für ihre 800-Jahr-Feier, die in sechs Jahren, also 1936, anstand, die Schlossgebäude würdig herrichten und für eigene Zwecke umbauen wolle.

Die Kirchgemeinde stellt den Antrag, die erhaltenen Schlossgebäude, die damals vor allem von der Gaststätte „Schlossgarten" genutzt wurden, von der Stadt zu kaufen.

Dieser Vorstoß kommt Stadtrat Robert Müller, dem Dezernenten für die städtische Museumverwaltung, sehr gelegen, denn er liebäugelt schon lange damit, die ortsgeschichtlichen Sammlungen dort oben unterzubringen und damit zwei Fliegen mit einer Klappe zu schlagen: zum einen die Raumnot im König-Albert-Museum zu beheben und zum anderen das „verwunschene Schloss", zu retten. Das Kaufgesuch der Kirche wird abgelehnt; im November 1928 beginnen die Verhandlungen zwischen Städtischen Museumsausschuß und Verein; am 6. Mai 1929 wird der Vertrag unterzeichnet. Einen Monat zuvor hat die Stadt bereits gut 180 000 RM für das „Heimatmuseum" bewilligt, und zwar – wie es vorausschauend heißt –: „für den ersten Bauabschnitt". Stadtbaurat Otto und Architekt Rometsch leiten den zügigen Umbau, den selbst der Schwarze Freitag an der New-Yorker-Börse – am 25. Oktober, also kurz nach Baubeginn – zwar erschweren, aber nicht verhindern kann. Am 5. Februar 1931 wird das neue Haus eingeweiht, das in den nächsten Jahren unter den verschiedensten Flaggen segelt: Schloss-Museum, Stadtmuseum, Heimatmuseum und – offiziell – Museum für Stadtgeschichte; nicht jedoch Schlossbergmuseum – diesen populären Namen trägt es erst seit 1945. Nicht nur die Baumaßnahmen machen 1931 zu einem Wendepunkt in der Geschichte dieses Museums. Dieses Jahr markiert zugleich Ende und Neubeginn.

Dr. Thomas Schuler

Der Schlossberg mit der Ostseite des Gebäudekomplexes der ehemaligen Klosteranlage (Federzeichnung von 1774)

Blick in den Kreuzgang des Schlossbergmuseums

81

1932

Geburtsstunde von FEWA

CHRONIK

Fünfmächte-
abrüstungskonferenz
erkennt Deutschland
den Status der
Gleichberechtigung zu

■

Am Dnjepr wird durch
Kalinin ein Riesen-
kraftwerk eingeweiht

■

SA und SS werden
durch Notverordnung
verboten, Hitler
erzwingt Rücknahme
des Verbotes

■

Bei Reichstags-
wahlen wird NSDAP
stärkste politische
Kraft: 37,4 Prozent
der Stimmen
(SPD 21,6, KPD 14,5)

■

In Zwickau-Planitz
wird ein Strandbad
eröffnet

■

Max Slevogt,
Hauptvertreter des
Impressionismus,
stirbt 63-jährig

„Kannst du waschen, Johanna?
Gewiß kann ich das!
Na, dann zeig's mal, Johanna!
Mit FEWA macht's Spaß!
Und ob das Wasser hart,
und ob das Wasser weich,
bei FEWA macht das nichts aus –
bei FEWA ist das gleich."

So tönte es in den 30er Jahren von der Leinwand und aus den Radios. Mit Johanna war das Maskottchen von FEWA, dem ersten Feinwaschmittel der Welt gemeint. Mit diesem Schlager, mit Filmen und Plakaten ging man gegen den allmächtigen Henkel-Konzern an, der mit Persil den Markt beherrschte.

Angefangen hatte alles in der H. Th. Böhme Aktiengesellschaft in Chemnitz. Dort begann am 1. August 1924 der damals 27jährige Dr. Heinrich Bertsch als Chemiker für wissenschaftliche Forschung auf dem Gebiet der Textilhilfsmittel zu arbeiten. 1925 meldete er ein Patent „Verfahren zur Herstellung türkischrotartiger Produkte" zum Patent an. Seine weiteren Forschungen galten der Verbesserung der Waschmittel. Viele der Waschmittel, die in jener Zeit auf dem Markt waren, schädigten die Fasern, ließen sie brüchig werden und entzogen beim Waschen den Textilien Farbe.

Mit dem neuen von Heinrich Bertsch entwickelten Waschmittel – dem FEWA – wurden diese Mängel überwunden. FEWA bestand aus: 35 Prozent Fettalkoholsulfat, 2 Prozent Fettalkohol,

1 Prozent Hexametphosphat, 5 Prozent Wasser und 57 Prozent Natriumsulfat. Dieses erste Feinwaschmittel war zugleich das erste vollsynthetische Waschmittel der Welt. Später erfuhr der Begriff FEWA die Umdeutung in „Für Euere Wäsche ausgezeichnet". Das neue Waschmittel fand, dank einer ausgefeilten Werbestrategie, gute Aufnahme auf dem Markt. Tag und Nacht liefen die Produktionsanlagen, bald kam eine zweite und 1938 noch eine dritte, der FEWA-Turm, hinzu. Henkel versuchte an dieser Erfindung teilzuhaben. 1935 wurde der Betriebsteil „Chemische Fabrik" an der Neefestraße aus der Böhme AG herausgelöst und als Böhme-Fettchemie GmbH begründet. Diese war nun eine Tochtergesellschaft von Henkel.

Wie bei vielen anderen Erfindern traten auch Neider auf, die Bertsch die Erfindung durch Klagen beim Gericht aberkennen lassen wollten. Die Prozesse verliefen zugunsten von Bertsch. Heinrich Bertsch blieb noch viele Jahre dem Chemnitzer Betrieb verbunden, bis er dann 1949 einer Berufung nach Berlin folgte.

FEWA entwickelte sich noch vor dem Zweiten Weltkrieg zu einem Markenprodukt und ließ Chemnitz als Chemiestandort in ganz Deutschland bekannt werden. Die FEWA Produktion endete erst 1992 mit der Liquidation der „Fettchemie".
Dr. Wolfgang Uhlmann

„Kannst
Du waschen,
Johanna?",
nannte sich ein
Fewa-Film,
der sich an all jene
wandte, die ihren
Kleidern und ihrer
Wäsche besondere
Pflege angedeihen
ließen

Der Chemnitzer,
der „Fewa" schuf

1933

Wie man mit Kunst umging

CHRONIK

USA und Sowjetunion nehmen diplomatische Beziehungen auf

Hindenburg ernennt Hitler zum Reichskanzler

In Dachau wird das erste Konzentrationslager eröffnet

In Aue werden auf dem Marktplatz Symbole und Schriften der Arbeiterbewegung verbrannt

Der Mülsener Eugen Fritsch, Redakteur der Plauener Volkszeitung, stirbt im KZ Hohenstein

In Scharfenstein wird der erste Kühlschrank mit eingebautem Kältesatz vorgestellt

Bertolt Brecht sieht keine Chancen mehr für ein freies Schaffen und geht in die Emigration

Hitler wusste alles, auch wie man es mit der Kunst zu halten hatte. Und so tönte er in einer Rede als neuer Reichskanzler am 21. März 1933: „Wir wollen eine Kunst, die aus unserer Seele kommt." Da dies nicht ganz so schnell ging, wurde erst einmal damit begonnen, die bisherige Kunst abzuschaffen. Das war nun auf der Ausstellung zu sehen, die am 14. Mai 1933 in Chemnitz öffnete, und die nun hieß „Kunst, die nicht aus unserer Seele kam". Sprache des Dritten Reiches und Kulturpolitik der Nazis findet sich hier: Die Chemnitzer Kunstsammlungen und die Bestände des Vereins „Kunsthütte" wurden durchmustert, um die „Kunst, mit der wir innerlich nichts gemein haben" auszusondern und propagandistisch vorzuführen. Vorgeblich gab es da „anhaltend einen ausgezeichneten Besuch", wie man meldet, und deshalb wurde die Ausstellung erst im Sommer wieder geschlossen.

Freilich, viele Kunstfreunde wussten, was hier geschah: Man vertrieb die Brücke-Künstler aus ihrer Lebenslandschaft, aus den Chemnitzer Kunstsammlungen. Hier war ja ihr Werk in besonderer Weise versammelt. Dazu gehörten die zwischen 1921 und 1923 edierten fünf Mappen der „Bauhaus-Drucke", die schon 1921 von der Leitung der Städtischen Kunstsammlungen zur Subskription bestellt worden waren. Da nun die Brücke-Künstler aus dem Zwickau-Chemnitzer Raum kamen, war es verständlich, dass ihr Werk hier mit besonderer Aufmerksamkeit aufgenommen wurde.

Und in der Propagandaschau konnte man diese wirkliche Kunst noch einmal sehen, dann verschwand sie ins Ausland gegen Devisen oder in andere dunkle Kanäle. Hier sah man fünfzehn Gemälde von Erich Heckel, Ernst Ludwig Kirchner, Emil Nolde, Max Pechstein und Karl Schmidt-Rottluff, aber auch Bilder von einigen Mitgliedern der „Dresdner Sezession. Gruppe 1919", drei Kleinplastiken und rund 120 Arbeiten auf Papier, in der Mehrheit Druckgrafiken der Künstler von „Brücke" und Bauhaus.

Auch Otto Dix, Max Beckmann und Georg Grosz wurden hier auf so seltsame Weise geadelt, dass sie den Nazis missfielen.

Doch manches blieb in den Sammlungen, vielleicht versteckt, wir wissen es nicht, es überlebten Plastiken von Ernst Barlach, Bilder von Carl Hofer und Otto Mueller.

„Kunst, die nicht aus unserer Seele kam", ist ein Beispiel nur für die demagogische Kulturpolitik der Nationalsozialisten. Es sollte zwölf Jahre dauern, ehe die Namen der Künstler, die hier verfemt wurden, wieder genannt werden durften. Und sie kamen zurück, wie Karl Schmidt-Rottluff, der seine Geburtsstadt wieder aufsuchte, wie so manches Bild, manche Grafik, die heute zu den Meisterwerken der Städtischen Kunstsammlungen gehören, weil es Kunst ist, die nicht eine dumpfe Seele sucht, sondern Verstand und Gefühl belebt.

Karl Brix

Schmidt-Rottluffs
„Männer bei Kerze"
gehört zu jenen
Werken, die von
den Nazis als
„Entartete Kunst"
bezeichnet und ver-
femt wurden

Mit dem Regierungs-
auftrag an Hitler
am 30. 1. 1933 hatte
die Weimarer
Republik faktisch
aufgehört zu beste-
hen. Am gleichen
Abend veranstaltete
die SA einen Fackel-
zug durch das
Brandenburger Tor
zur Reichskanzlei.
Auf dem Foto eine
von der Ufa nach-
gedrehte Filmszene

1934

Symbol der Weihnachtszeit

CHRONIK

Die Sowjetunion wird
in den Völkerbund
aufgenommen
∎
Unter Mao Tse-tung
begeben sich chinesi-
sche Kommunisten
auf den berühmten
„Langen Marsch"
(10 000 Kilometer)
∎
In Italien wird verfügt,
dass Lehrer während
des Unterrichts Par-
tei- oder Miliziunifor-
men tragen müssen
∎
Für schulentlassene
Mädchen wird
ein Haushaltjahr ein-
geführt, in Preußen
das Landjahr für
die schulentlassene
Stadtjugend
∎
Marinus van der
Lubbe wird im Reichs-
tagsbrandprozess
zum Tode verurteilt

War die Drehpyramide schon lange Zeit ein Weihnachtsschmuck in den Wohnstuben, so ging sie eines Tages hinaus ins Freie, wurde zur „Weihnachtspyramide für alle", zur Ortspyramide. In keiner anderen deutschen Landschaft ist es üblich, zwischen dem 1. Advent und Hohneujahr, auf Plätzen, vor Schulen oder Rathäusern, Ortspyramiden aufzustellen. Im Erzgebirge hat nahezu jeder Ort sein Exemplar. An die 180 mag es davon geben. Die meisten entstanden als Gemeinschaftswerk ortsansässiger Schnitzer, Bastler und Handwerker.

Eine der größten erzgebirgischen Weihnachtspyramiden, mit einer Höhe von 13 Metern, ist die am Chemnitzer Rathaus. Nur die von Dresden ist geringfügig höher. Die schönste und älteste Ortspyramide, angeregt durch Friedrich Emil Krauß, besitzt Schwarzenberg. Die sieben Meter hohe Stabpyramide wird durch ein 3,30 Meter großes sternendurchbrochenes Flügelrad beschirmt. Die Teller der fünf Stockwerke sind mit sakralen und bergmännischen Figuren bestückt, geschnitzt von dem Werkzeugmacher Paul Lang aus Schwarzenberg-Sachsenfeld. Lediglich Schaf und Steinbock stammen von Paul Winkler aus Bermsgrün.

Die unterste Ebene ist nicht in die Drehbewegung einbezogen. Ausgestattet ist die Pyramide mit einem aus vier Bronzeglocken bestehenden Glockenspiel, dessen Glocken bei den Umdrehungen angeschlagen werden. Mit diesem Spielwerk wird die Pyramide nach oben hin kuppelförmig abgeschlossen.

Eine Kuriosität besteht darin, dass Schwarzenberg damit zwar die älteste Ortspyramide hat, aber in Aue die erste aufgestellt wurde. Das ist kein Widerspruch. Anlässlich der 1934 stattgefundenen „Deutschen Krippenschau", wurde diese meterhohe Pyramide, gewissermaßen als Symbol der erzgebirgischen Weihnachtskunst, am Auer Ortseingang, nahe dem damaligen Bechergut errichtet. Es war das für die Schwarzenberger Öffentlichkeit bestimmte Exemplar.

Die Auer wollten nun auch eine Pyramide. So wurde 1935 eine Ortspyramide gebaut und der Öffentlichkeit übergeben. Sieben Meter hoch, mit sechs Etagen, ist sie eine typische Stockwerkpyramide. Damit hat Aue die zweitälteste Ortspyramide. Eine dritte entstand 1935 für die Seiffener Spielzeugschau, 6,20 Meter hoch, und mit Seiffener Spielzeugfiguren bestückt. Da sie im geschlossenen Raum steht, ist sie im eigentlichen Sinne keine Ortspyramide, bestenfalls eine Großpyramide. Nach 1965 nahm die Zahl der Ortspyramiden rasch zu, 1978 waren es bereits siebzig Exemplare. Jede von ihnen ist ein Unikat. Die Pyramidenbauer von Zschopau, Königswalde und Einsiedel bevorzugen die Stabform, die von Großolbersdorf, Borstendorf, Zwickau und Schneeberg sahen im bergmännischen Förderturm ihr Vorbild. Neben der Schlettauer, Grünhainer gaben auch die Leukersdorfer ihrer Pyramide die Form einer Fichte.

Manfred Blechschmidt

*Schwarzenberg
kann für sich in
Anspruch nehmen,
die schönste und
älteste Ortspyra-
mide zu besitzen*

87

1935

Pfiffige Chemnitzer

War das Stadtbad Chemnitz das größte und schönste Hallenbad Europas? Uns Kindern war's egal. Kaum war es eingeweiht – am 27. März 1935 – gingen wir zu Fuß vom Kaßberg über die Gerichtstreppen ins Tal zur Mühlenstraße. Eine Stunde Badespaß! Für 15 Minuten Zeitüberschreitung waren zehn Pfennig zu berappen.

Winzige Erinnerung. Was wussten wir Kinder auch vom großen Rechnen, von der Not im Lande, die den Bau 1930 gestoppt hatte. Über Pläne für ein neues, „monumentales Zentralbad" schrieb das „Chemnitzer Tageblatt" schon am 23. September 1924. Aber erst am 26. April 1929 beschließen die Stadtverordneten den Neubau auf dem 12 300 Quadratmeter großen Gelände der ehemaligen Zimmermannwerke. 22. Mai 1929: Erster Spatenstich. Sechs Millionen Mark waren bewilligt worden.

1930, das Stadtbad ist rohbaufertig. Nichts ging mehr. „Ich erinnere mich an Proteste der Arbeitersportler", sagt Rudolf Schmidt, Jahrgang 1919 und seit 1932 Mitglied im Schwimmclub Chemnitz 1892. „Auch Geld wurde gesammelt." Keine Chance. Erst nach der Weltwirtschaftskrise geht der Bau 1934 weiter. Die Herren unterm Hakenkreuz heften sich das Kleinod an die Brust. Für die Chemnitzer war das Stadtbad mit 50-Meter-Halle, Schulschwimmhalle, Schwitzbadabteilungen für Männer und Frauen, medizinischen Kur- und Lichtbadabteilungen, den Gymnastikräumen und Wannenbädern eine wunderbare Sache.

Rudolf Schmidt schwärmt noch heute von den Wettkämpfen, ob im Schnellschwimmen, Kunst-

springen oder im Wasserball. „Das Stadtbad war manchmal gerammelt voll. Weil die Polizei nicht mehr als 1200 Besucher erlaubte", fuhr er fort, „haben wir über Lautsprecher nach draußen übertragen."

1945. Das Stadtbad bleibt vor größeren Bombenschäden bewahrt. Zwar gibt es den Schwimmclub 1892 nicht mehr, das erlaubten die Sowjets nicht, aber das Stadtbad blieb attraktiv für die Sportler, wenn auch in anderen Organisationsformen. Rudolf Schmidt hätte sein Bett dort aufschlagen können, wie gelästert wurde. Ab 1951 Torwart der Wasserballer, später Trainer von früh bis spät. „Aber der Leistungssport hatte zur Folge, dass die Schwimmzeiten für die Bevölkerung immer mehr schrumpften", erinnert er sich. Außerdem sei der Leistungssport Wasserball, nichtolympisch, 1969 gestorben.

1980. Das Stadtbad war in die Jahre gekommen. Mängel. Unübersehbar, spürbar. Im September musste das Bad geschlossen werden. Wieder einmal war kein Geld da für das Schmuckstück der Stadt. Pfiffige Chemnitzer führten deshalb Erich Honecker Mitte 1981 durch seinen Wahlkreis – zum Stadtbad. Ein Spaziergang, der 40 Millionen aus dem Staatssäckel einbrachte.

1983. Ab dem 6. Oktober haben alle Bereiche des Stadtbades wieder geöffnet. Heute zählt es noch immer zu den schönsten Hallenbädern Deutschlands.

Johanna Hauswald

CHRONIK

Türkische Männer und Frauen müssen künftig einen Familiennamen tragen

■

In Richmond (Virginia) kommt das erste Dosenbier auf den Markt

■

Deutschland führt den Achtstundentag als verbindliche Arbeitszeit ein

■

Mit großer Mehrheit entscheidet sich die Saarbevölkerung für Deutschland

■

Der Schriftsteller Kurt Tucholsky, ins Exil nach Schweden getrieben, nimmt sich das Leben

*Jährlich besuchen
350 000 Chemnitzer
ihr Stadtbad, dass
sich – weil denk-
malgeschützt –
nicht zum Spaßbad
mausern wird*

*Noch heute
zählt das Stadtbad
zu den schönsten
Hallenbädern
in Deutschland*

89

1936

Reichsautobahn im Chemnitzer Raum

Mit dem Gesetz vom 27. Juni 1933 hatte die Reichsregierung unter Adolf Hitler den Bau der „Reichsautobahnen" festgeschrieben. Auch so gelang es, große Teile des Volkes an das Hitlerregime zu binden. Zugleich schuf man die großen Heerstraßen im Inneren des Landes für die beabsichtigte Expansion des „Volkes ohne Raum". Im Chemnitzer Gebiet begann der Autobahnbau am 21. März 1934 im Tal des Bahrebaches. Der Abschnitt umfasste zunächst die Strecke von Oberlichtenau bis Hohenstein-Ernstthal mit einer Länge von 27 Kilometer. Dazu mußten 34 Brücken, unter anderem die 13 Meter hoch gelegene und 224 Meter lange Chemnitztalbrücke bei Glösa sowie die etwa 200 Meter entfernte Brücke über die Chemnitz in einer Länge von 53 Meter, errichtet werden. Zweifelsfrei handelte es sich um hervorragende Bauleistungen, selbst wenn man nur an die Brückenbauten denkt. Allein für den Bau der Chemnitztalbrücke hatte man über 150 Personen für etwa zwei Jahre beschäftigt.

Als am 27. September 1936 der Abschnitt zwischen Oberlichtenau und Hohenstein-Ernstthal vor einer „riesenhaften Versammlung" in nationalsozialistischer Propagandamanier eröffnet wurde, konnte der sächsische Wirtschaftsminister, Parteigenosse Lenk, feststellen, dass 3000 Volksgenossen an diesem Abschnitt gearbeitet hatten. Die Bauleistungen wurden als ein „Ehrenmal deutscher Schaffenskraft", als ein Zeugnis „für deutschen Gestaltungswillen, für Hochleistung deutscher Technik und Arbeit" gepriesen. Das waren also „Adolf Hitlers Straßen". Zur Manipulierung der Volksmassen übertrug man durch Rundfunk die Rede von Hitler aus Breslau zur Übergabe des Tausendsten Kilometers im Reichsautobahnnetz. Nach dem Treuebekenntnis zum Führer begann die erste offizielle Fahrt von der Anschlussstelle Chemnitz/Leipziger Straße nach Hohenstein-Ernstthal.

Die Chemnitzer Presse berichtete von diesem Ereignis: „Überall standen zu beiden Seiten SA-Männer, Politische Leiter, Männer des NSKK, des Roten Kreuzes, der Feuerwehren, des Luftschutzes, der Technischen Nothilfe und aller Gliederungen und Verbände." Der nächste Bauabschnitt begann im Winter 1938 für die Verbindung von Chemnitz über Zwickau, Plauen nach Naila bei Hof. Damit erfolgte der Anschluss an die Nord-Südverbindung von Berlin nach München. Im Chemnitzer Raum war der Autobahnbau wiederum mit mehreren Brückenbauten in Siegmar-Schönau, damals noch selbständige Stadt, und an der Neefestraße mit Anschlussstelle verbunden. Bei der Verkehrsplanung erhielten die Verbindungsstraßen in das Westerzgebirge und nach dem Vogtland einen hohen Stellenwert. Allerdings blieb dieser Bau bis Kriegsausbruch unvollendet. Erst 1993 wurde die Strecke mit der Einweihung der Brücke bei Plauen für den durchgängigen Verkehr freigegeben.

Dr. Gert Richter

90

*Reichsautobahn-
strecke Chemnitz
mit Bahrebach-
siedlung*

*Autobahn heute:
Sanierung der alten
Fahrbahnen im
Chemnitzer Gebiet*

91

1937

Grand Prix für „Elbeo"

Es musste der Rat des Berliner Textil-Kaufmanns Heldt gewesen sein, der dem Oberlungwitzer Strumpfproduzenten Louis Bahner zum Durchbruch verhelfen sollte. 1890, weniger als 365 Tage nach Gründung der Oberlungwitzer Strumpfwerke LBO, hatte Heldt bereits die Qualität der Oberlungwitzer Strümpfe schätzen gelernt: „Sie machen erstklassige Strümpfe, Herr Bahner. Aber wer weiss das schon, außer Ihren Abnehmern. Sie sollten Ihre Ware kennzeichnen. Dem qualitätsbewussten Käufer wäre damit gedient. Und auch Sie hätten Ihren Nutzen davon."

Louis Bahner sollte den Brief des Textil-Kaufmanns ernst nehmen: Als erster Strumpffabrikant der Welt kennzeichnete der Unternehmer seine Ware mit einem Markennamen. Ein Copyright der Textilindustrie war geboren. Außer Rogo Oberlungwitz folgen andere sächsische Strumpffabrikanten Bahners Vorbild erst Jahrzehnte später.

Zu diesem Zeitpunkt hat sich Bahners Kennzeichnung seiner Produkte längst bezahlt gemacht: 39 Jahre nach Firmengründung erhalten die ersten Kunstseiden-Strümpfe aus Oberlungwitz den Grand Prix auf der Weltausstellung in Paris.

Mittlerweile hat man in der langgestreckten, funktional eingerichteten Oberlungwitzer Fabrik, in deren Sälen die Wirkmaschinen schon Jahrzehnte im Stakkato präzise rattern, eine weitere Neuerung eingeführt. 1906 wird aus den drei Buchstaben LBO das rein phonetisch gesprochene Wort „Elbeo" und der Welt allzu schnell als gute Qualität bekannt. Zwei Jahre nach dem Grand Prix in Paris ging der erste Strumpf aus vollsynthetischer Faser in Produktion. Unter größter Geheimhaltung entsteht in den Oberlungwitzer Werken ein hauchdünner „Perlonstrumpf". Erst Jahre später wird bekannt: Das Material ist Fallschirmseide, die auf die Erfindung des Perlons durch Paul Schlack zurückgeht.

Zeitgleich zur deutschen Erfindung „Perlon" entwickeln auch amerikanische Forscher den Grundstock für eine vollsynthetische Faser. Das „Nylon" in den USA war geboren. Der zweite Weltkrieg verhindert jedoch die Produktion der Nylons in großem Stil. Nylons, die auch in den USA zu einer begehrten Ware avancieren, werden erst nach Kriegsende in Europa verkauft. Doch da war es schon zu spät: Die Elbeo-Werke, die mittlerweile auch in Stollberg und Gersdorf stehen, werden demontiert und in die damalige Sowjetunion gebracht. Herrmann Bahner (geb. 1912) soll den Aufbau der Werke in Russland leiten. In letzter Minute kann er flüchten. Johannes Bahner (geb. 1881) schafft in den leeren Oberlungwitzer Werksräumen einen Neuanfang, bis 1951 kann er das Werk zu einem der modernsten Strumpfbetriebe der Ostzone entwickeln. Dann wird er enteignet. Johannes Bahner geht in den Westen, wo inzwischen die siebente Generation der Bahners, die Vettern Hermann und Ernst das Werk wieder aufgebaut haben.

Ulrich Hübler

CHRONIK

Die baskische Hauptstadt Guernica wird durch Flugzeuge der Legion Condor zerstört
■
In San Francisco wird die Golden-Gate-Brücke als größtes Objekt seiner Art in der Welt für den Verkehr freigegeben (sechsspurig, 67 Meter über dem Wasser)
■
Die deutsch-österreichische Nanga-Parbat-Expedition wird von einer Lawine verschüttet (acht Wissenschaftler und neun Träger tot)
■
Pierre Baron de Coubertin, Begründer der Olympischen Spiele der Neuzeit und Vater der Idee des Amateursports in der Sportwelt , stirbt 74-jährig in der Schweiz

W. F. Bahner, Oberlungwitz i. Sachsen
Bahnstation: Hohenstein-Ernstthal.

Wirkwaren-Fabrik
Spezialität: Feine Trikotagen

Fabrik-Marke

Gegründet 1842.

Bereits in siebenter Generation sorgen Bahners dafür, dass Frauen stets gut bestrumpft ihre Beine sehen lassen können

Visitenkarte der 1842 gegründeten Wirkwarenfabrik W. F. Bahner in Oberlungwitz

93

1938

Die Zerstörung der Synagoge

Am 14. November 1938 nahm Herbert Röthing seinen Skizzenblock, ging zum Stephanplatz und brachte mit geübtem Strich das zu Papier, was von der Chemnitzer Synagoge übrig geblieben war. Dieser zeichnende Zeitzeuge war gewiss nicht willkommen, denn die Nazis wollten die Ruinen möglichst rasch beseitigen und die Erinnerung an die Jüdische Gemeinde aus dem Gedächtnis tilgen.

Fünf Tage zuvor, in der Nacht vom 9. zum 10. November waren in ganz Deutschland 281 Synagogen durch gelegte Brände verwüstet worden. Auf diesen von langer Hand in Berlin von der Gestapo zentral vorbereiteten und gesteuerten Angriff folgte ein zweiter Akt, die von regionalen und lokalen Behörden in größter Eile durchgeführte völlige Zerstörung der Gebäude. In Chemnitz wurde am 10. November das durch den Brand nur gering beschädigte Mauerwerk der Synagoge gesprengt. Am 11. November wurde die jüdische Gemeinde zur Beseitigung dieses „öffentlichen Ärgernisses" aufgefordert. Da sie dazu nicht in der Lage war, wurden vom 12. bis 15. November zehn dienstfreie Feuerwehrleute und weitere 45 Helfer eingesetzt, die in fünf Schichten alle Trümmer beseitigten. Und dafür musste die jüdische Gemeinde 35 905 Reichsmark bezahlen. Im folgenden Jahr kaufte dann die Stadt das Grundstück für lächerliche 500 Reichsmark.

Wer sich an den 9. November 1938 erinnert, darf nicht bei der in Brand gesteckten Synagoge halt machen. Er muss auch der vielen jüdischen Geschäfte, Wohnhäuser und Schulen gedenken,

die in dieser Nacht verwüstet wurden, an die vielen Menschen, die verschleppt und geschlagen wurden, und an die Ermordeten, wie Hermann Fürstenhain, den Direktor des Warenhauses Tietz in der Bahnhofstraße.

Doch 1938 markiert nicht den Endpunkt der Geschichte der Juden in Chemnitz. Nach 1945 kamen rund 50 Überlebende zurück; 1961 erhielten sie an der Stollberger Straße ein neues Gebäude. 1970 erschien Adolf Diamants „Chronik der Juden in Chemnitz". 1988 wurden zum 50. Jahrestag der Pogromnacht der Gedenkstein am Stephanplatz errichtet sowie zwei Ausstellungen gezeigt und ein Buch zur Judenverfolgung in Chemnitz veröffentlicht.

Seit der Wende bringen die „Tage der jüdischen Kultur" uns jüdisches Leben näher und liefern einen guten Rahmen für die Besuche der ehemaligen jüdischen Mitbürger. Auch die alte Synagoge ist nicht vergessen. 1994 hat das Schlossbergmuseum sie in einem großen Modell wieder erstehen lassen, und 1999 wurde in einem städtischen Festakt im Rathaus ihrer Einweihung vor 100 Jahren gedacht – einer Einweihung, der der Rat damals fern geblieben war. Die Zeiten ändern sich also, und die erfreulichste Perspektive ist sicher, dass noch in diesem Jahr der Grundstein zu einer neuen Synagoge gelegt werden wird, zu der die Chemnitzer von heute ihren eigenen Beitrag leisten können.

Dr. Thomas Schuler

94

Chemnitz, am 14. Nov. 38 · Die ...

Zeichenlehrer Röthing hat in einer mutigen Aktion die Abbrucharbeiten der Chemnitzer Synagoge am Vorabend mit dem Zeichenstift festgehalten

Die 1899 errichtete und 1938 von den Nazis niedergebrannte Synagoge

1939

Hitlers „entweder, oder …"

1939 war der damals vierjährige Hubert Sigmund bereits Bürger zweier Staaten, zweimal schon war er unterwegs „heim ins Reich" gewesen, und er schlief plötzlich in seiner Heimatstadt Brüx, dem heutigen Most in der Tschechischen Republik, im Schlafzimmer seiner Großeltern unter einem großen Hitlerbild. In Brüx hatten bis ins Jahr zuvor Deutsche und Tschechen nicht ohne Probleme zwar, aber doch im Wesentlichen friedlich zusammen gelebt. 1938 spitzten sich die Spannungen zu, und Hubert fand sich im Spätherbst plötzlich auf dem Weg zur deutschen Grenze durch das „Kriegsgebiet" bei Gebirgsneudorf und Seiffen wieder. Die Großmutter hatte ihrem Mann, der sich eigentlich auf einen gedeckten Tisch mit Zwetschgenknödeln freute, nur einen Zettel hinterlassen: „Lieber Utati! Das Mehl ist in der Kredenz, die Zwetschgen sind auf dem Wochenmarkt, wir sind heim ins Reich nach Deutschland."

Während Hubert sich mit Mutter, Großmutter und Tante aus Angst vor einem drohenden Krieg zwischen der Tschechoslowakei und dem Nazi-Reich durch die Wälder in Richtung Deutschland schlug, war Hitler drauf und dran, leichte Beute zu machen. Geschickt hatte er das provokant-separatistische Treiben der Henlein-Faschisten in den deutschsprachigen Teilen der Tschechoslowakischen Republik und das Zaudern der Westmächte England und Frankreich ausgenutzt und annektierte am 1. Oktober 1938 zunächst das Sudetengebiet. Im Schatten des deutschen Diktators bedienten sich auch Polen und Ungarn an dem wunden

Land, dessen Rest immerhin noch ein selbstständiger Staat war – ohne die starken Befestigungen und die Industrie Nordböhmens. Doch der österreichische Gefreite war damit nicht zufrieden. Als sich im März 1939 Tschechen und die in die Autonomie entlassenen Slowaken, angestachelt von den Deutschen, stritten, nahm Hitler dies zum Anlass, erneut einzugreifen. Am 15. März marschierte die deutsche Wehrmacht in tschechisches Gebiet ein. Nach Berlin befohlen, wird der schwache tschechische Präsident Hacha erpresst: Entweder deutsche Geschwader bombardieren Prag, oder Hacha stellt sein Volk unter deutschen „Schutz". Hacha unterschrieb, und einen Tag später wurde das „Protektorat Böhmen und Mähren" proklamiert.

Da waren auch die Sigmunds längst wieder in Brüx angekommen, das inzwischen zum „Sudetengau" gehörte. Hubert Sigmund, der heute in Zschopau lebt, erinnert sich noch, dass die Menschen in der Stadt dem Zeppelin zujubelten, mit dem Hitler nach Prag flog. Die Sigmunds hatten aber auch gesehen, wie die SA die Brüxer Synagoge anzündete. Sie hatten erfahren, dass Bekannte in Konzentrationslager verschleppt wurden. Und irgendwann war das Hitlerfoto über den Betten wieder verschwunden. Als der Krieg begann, hing im Schlafzimmer das Bild einer friedlichen, böhmischen Landschaft …

Mathias Zwarg

CHRONIK

Ribbentrop und Molotow unterzeichnen den deutsch-russischen Nichtangriffspakt
■
Mit dem Einmarsch der Deutschen in Polen beginnt am 1. September der Zweite Weltkrieg
■
Die SS verfügt die Kennzeichnung von Juden mit einem gelben Stern
■
Der amerikanische Posaunist Glenn Miller nimmt den Millionenhit „In the Mood" auf Platte auf

*Die Signatarmächte
der Versailler Frie-
densordnung akzep-
tieren den Anschluß
des Sudetenlandes
an das Deutsche
Reich. Nazi-Führer
Henlein spricht in
Gegenwart Hitlers
in Eger*

*So wurden 1938
die Grenzen gegen
die ČSR beseitigt*

1940

Krieg als Inszenierung

Am Abend des 16. Februar 1940 versammelten sich im Chemnitzer Ufa-Palast die regionalen NS-Größen mit Kreisleiter Schöne an der Spitze. Einleitend spielte der Kreismusikzug der NSDAP „schneidige, mitreißende Weisen". Männer in Wehrmachts- und SA-Uniformen deklamierten „aufrüttelnde Führerworte".

Dann begann die offizielle Erstaufführung des Filmes „Feldzug in Polen". Kameramänner der Propagandakompanie der Wehrmacht und des Goebbelsministeriums hatten die deutsche Aggression gegen Polen seit dem 1. September 1939 begleitet und gefilmt. Fritz Hippler stellte das Material zu einem der übelsten Machwerke der NS-Kriegspropaganda zusammen – wie man damals meinte: zu einem „gewaltigen Filmwerk". Kein militaristisches Klischee wurde ausgelassen, nicht der Marschtritt deutscher Infanteriekompanien, nicht die feindwärts startenden Bomber und die durch den Sand knirschenden Laufketten der „unbesiegbaren" deutschen Panzerwagen, nicht die Sturzkampfflieger und die zerstörten polnischen Fliegerhorste. Auch für den „Sinn" des Krieges, die „Befreiung der Volksdeutschen" wie für deren Jubel über den Einmarsch deutscher Truppen, fanden sich passende Bilder.

Das alles machte aus Sicht der NS-Propaganda einen tieferen Sinn. Als der Film in Chemnitz aufgeführt wurde, war Polen längst geschlagen. Im Westen aber, gegen Frankreich und England, schwiegen die Waffen. Es war, wie Historiker sagen, ein „seltsamer Krieg", zwar erklärt, aber nicht

geführt. Er musste erst wieder angeheizt werden. Dabei kam dem Medium Film eine besondere Rolle zu. Der Berichterstatter im „Chemnitzer Tageblatt" vom 17. Februar 1940, dem wir alle Informationen über den Film und seine Aufführung in Chemnitz verdanken, wusste das so zu formulieren: „Nirgends lässt sich die ungeheure Dynamik des deutschen Vormarsches in Polen besser veranschaulichen als in der gleichfalls vorwärtsdrängenden Bilderfolge des Films."

Daher die bombastische Inszenierung im Chemnitzer Ufa-Palast. Der Film sollte allen Anwesenden und darüber hinaus allen Deutschen die Gewissheit geben, „daß diese deutsche Wehrmacht, die Polen in 18 Tagen zerbrach, auch Großdeutschlands Freiheitskampf siegreich beenden wird". Am 10. Mai 1940 war es dann soweit. An diesem Tag wurde der Krieg im Westen mit dem Einmarsch von 136 deutschen Divisionen in Frankreich, Belgien und Holland vom „seltsamen" zum „richtigen" Krieg. Am 14. Mai bombardierte die Luftwaffe Den Haag und Rotterdam. Wohin das alles führte, spürten die Chemnitzer vier Jahre später, als am 5. März 1945 britische und amerikanische Bomben den Chemnitzer Stadtkern und auch den Ufa-Palast zerstörten.

Dr. Karlheinz Schaller

Den Anfang vom Ende setzte die deutsche Wehrmacht, als sie am 1. September 1939 diesen Schlagbaum an der deutsch-polnischen Grenze zerstörte und Polen überfiel

99

1941

Der Kinoerzähler

Mein Großvater Karl Hofmann (1873 – 1944) arbeitete lange im Apollo-Kino in der Helenenstraße in Limbach/Sachsen. Ich kannte ihn gegen sein Lebensende, mit seinem Künstlerhut, dem Spazierstock, dem breiten Ehering aus Gold, der dann und wann nach Chemnitz ins Pfandhaus ging, doch immer wiederkam. Mein Großvater war der Kinoerzähler und -klavierspieler von Limbach…

Zum Einlaßdienst ins Apollo ging der Großvater nur noch ab und zu, „die brauchen mich nicht mehr!" An seiner Stelle saß nun eine Frau mit Gliederschaden, die in der großen „Weltmaschine" sonst nicht zu verwenden war. Für die sprang der Großvater, wenn sie keine Lust hatte, manchmal ein. „Da zieht er im Apollo durch die Reihen und bringt alles in Unordnung" (die Großmutter). Herr Kunze war in Frankreich im Krieg, aber bloß in der Verwaltung. Er hatte dem Großvater eine Feldpostkarte geschrieben und gefragt: Steht mein Apollo noch? Der Großvater, weil er gerade viel zu denken hatte, ließ ein paar Wochen verstreichen, dann schrieb er zurück: Bis zum Obengenannten steht Ihr Apollo noch, mehr weiß keiner! Wenn er „auf Arbeit geht, wie er sagt" (die Großmutter), trug er nun eine Werkschutzuniform. Die machte ihn viel jünger. Er hatte, wie der russische Emigrant Graf Karamsin in Närrische Frauen (1921, mit Erich von Stroheim), seine Orden aus der Schublade geholt und an die Brust geheftet, damit jeder gleich sah, wer er war.

Er trug noch das Parteiabzeichen, doch ohne Überzeugung. Bei Alarm holte er seinen Luftschutzhelm aus dem Kleiderschrank und stülpte ihn sich über den Schädel. Da sah er gleich soldatischer aus. Weil der Helm ihn so drückte, verlor er noch mehr Haare über den Ohren rechts und links. Gott sei Dank konnte die Sache nicht mehr lange dauern, lange Kriege hielt heut keiner aus. Frankreich und Belgien waren längst besiegt, auch Kreta war besetzt. Im Grunde war alles schon wie früher, nur daß es nichts zu essen gab. Fräulein Fritsche besuchte der Großvater schon lange nicht mehr. Sie war für ihn gestorben. Ihr – „sein" – Häuschen stand nun leer, ihr Zimmer war leer, ihr Bett ebenfalls, für ihn. Da beißt die Maus keinen Faden ab, sagte der Großvater und grinste. Wenn er sie auf der Straße sah, schaute er schnell weg, am liebsten nach oben. Er und Herr Götze und vielleicht Herr Friedrich, falls sein Bein ja sagte, hockten gern zusammen und sprachen von „Wein, Weib, Gesang". Das war an den Tagen, wo Bleicher & Co. den Großvater entbehren konnte. Inzwischen gab es ja genug Krüppel und Hinterbliebene, die sie statt seiner nehmen konnten.

(Aus Gert Hofmanns Roman „Der Kinoerzähler" Der Autor wurde 1932 in Limbach geboren, er starb 1994 in München)

CHRONIK

Deutscher Angriff auf die UdSSR beginnt am 22. Juni
■
Bis zum Jahresende werden in Deutschland 11 405 Linksoppositionelle verhaftet
■
Uraufführung von Bertolt Brechts Chronik aus dem 30jährigen Krieg „Mutter Courage und ihre Kinder" in Zürich
■
Richard Sorge, Spion der Komintern, wird in Japan zum Tode verurteilt und 1944 hingerichtet

100

GERT HOFMANN
DER KINOERZÄHLER

ROMAN/HANSER

*Titelseite
„Der Kinoerzähler"
von Gert Hofmann*

*Nach einer am
1. September 1941
erlassenen Polizei-
verordnung mussten
ab 19. September
1941 im Deutschen
Reich alle Juden
vom sechsten
Lebensjahr an den
Judenstern tragen*

1942

25 Häuser in Schutt und Asche

September 1942. Weithin hallen die Glocken der Christuskirche in Planitz. Sie rufen die Christen der evangelisch-methodistischen Gemeinde des Stadtteils zum sonntäglichen Gottesdienst. Wieder hat an diesem Sonntagvormittag die Kirchgemeinde Kriegsopfer zu beklagen. Sie gedenkt der erneut an der Front gefallenen Väter und Söhne aus ihrer Mitte und erweist ihnen die letzte Ehre.

Noch sind die Brandwolken des Infernos weit von deutschem Boden entfernt. Doch der Höhepunkt des angeblichen Siegeszuges ist längst erreicht und überschritten. Der Krieg beginnt dorthin zurückzukehren, von wo aus er sein furchtbares Zerstörungswerk begann. Das soll auch bald für die Bürger von Planitz grausame Gewissheit werden. Die Sirenen heulen jetzt immer öfter.

„Starke Bomberverbände im Anflug auf den mitteldeutschen Raum," ertönt es am frühen Nachmittag des 19. März 1945 aus den Lautsprechern der Radios. Noch ahnen die Bürger des südlichen Randgebietes der Muldestadt nicht, dass es der schwerste Bombenangriff seit Beginn des Krieges werden soll.

Das Bombergeschwader nähert sich dem Gebiet von Oberplanitz. Das Inferno beginnt nun auch hier. Explosionen zerreißen die Luft. In Bruchteilen von Sekunden verschwinden Wohnhäuser in Schutt und Asche. Nüchtern wird man später festhalten, dass 25 Gebäude des Stadtteils den Bomben zum Opfer gefallen sind. Die Angriffe fordern das Leben von 78 Menschen, unter ihnen viele Kinder. Auch zahlreiche Fremdarbeiter, die gezwungen sind in ortsansässigen Betrieben zu arbeiten, überleben den Tag nicht. Ein Augenzeuge, der bei einer Planitzer Firma zur Aufarbeitung von Flugzeugteilen zum Kriegsdienst verpflichtet war, erinnert sich: „Über ganz Planitz lag eine pechschwarze Wolke, dazwischen lodernde Flammen. Entlang mehrerer Straßen und am Markt nur noch rauchende Trümmer. Dort wo sich auf einer Anhöhe die Christuskirche befand, stand nichts mehr. Die Bomben hatten das Gotteshaus völlig dem Erdboden gleichgemacht..."

Zehn Jahre später: Mit Unterstützung vieler Kirchgemeinden wieder aufgebaut, erlebt das auf den alten Grundmauern wieder errichtete Kirchenbauwerk seine feierliche Weihe. Heute ist es Begegnungsstätte für Christen und Atheisten des Stadtteiles und zugleich Mahnmal für eine friedliche Welt über die Grenzen der Stadt hinaus. Bundesweit war die Planitzer Christuskirche und ihre Geschichte bei einer Fernsehübertragung des Gottesdienstes zum Tag der Bundestagswahl am 16. Oktober 1994 bekannt geworden. Als steinerner Zeuge erinnert des Gotteshaus vor den Toren der Stadt an den schwersten Bombenangriff auf die Stadt: 441 Bürger der Stadt waren dabei getötet und 208 verletzt worden. Den Bomben fielen vor allem im Stadtzentrum eine ganze Anzahl von Gebäuden zum Opfer, darunter auch das Jugendhaus Robert Schumanns.

Günter Meier

*Die Christuskirche
in Planitz –
nach dem Bomben-
angriff völlig
zerstört – wird
zehn Jahre später
wieder auf den
alten Grundmauern
errichtet*

1943

Für das Notwendige gestorben

„... und schon sauste von oben, aus seiner Ver-
kleidung, das riesige Messer mit der schrägen
Schneide herab, trennte vom Körper das Haupt,
das, überschüttet von Blut, in den Weidenkorb fiel.
Ein Mann gab die Uhrzeit an, die der Staatsanwalt,
nachdem er den Namen der Hingerichteten auf seiner Liste abgehakt hatte, in das Todesattest ein-
trug." So, wo es Peter Weiß in seiner „Ästhetik des
Widerstands" beschreibt, kann es gewesen sein an
jenem 18. Oktober 1943 in Brandenburg. An diesem Tag wurde Walter Mehnert aus dem erzgebirgischen Schindelbach bei Marienberg hingerichtet.
Seine Geschichte ist eine von vielen und doch viel
zu wenigen, ist die Geschichte eines Mannes, der
sich dem Nazi-Regime nicht gebeugt hat.

Geboren 1891, war Walter Mehnert bis 1933
Leiter des Arbeitsamtes in Marienberg. Nach der
Machtübernahme der Nationalsozialisten musste
der Sozialdemokrat Mehnert seinen Dienst quittie-
ren, fand aber später doch wieder eine Stelle bei
der Stadtverwaltung Marienberg. Walter Mehnert
versuchte dann, Informationen über den Nazi-Staat
an die Öffentlichkeit zu bringen, als die Kriegsvor-
bereitungen auch im Erzgebirge sichtbar wurden,
unter anderem am Flugplatz Großrückerswalde.
Berichte Mehnerts gelangten über andere Antifaschisten nach Prag, wo sie veröffentlicht wurden
und Aufmerksamkeit erregten – allerdings auch die
seiner späteren Henker.

In der Entdeckung der konspirativen Arbeit
Walter Mehnerts liegt jene Tragik, wie sie wohl
nur ein totalitäres Regime hervorzubringen ver-
mag. Unter den Qualen der Folter sollen andere
erzgebirgische Antifaschisten aus dem nahen
Kühnhaide auch von einem „Herrn M. aus Marienberg" gesprochen haben. Zwar wohnte Walter
Mehnert in Schindelbach und wurde so nicht
gleich entdeckt, schließlich verhafteten ihn die Nazis aber doch. Sie legten ihm Hoch- und Landes-
verrat zur Last. Trotz aller Gnadengesuche wurde
er im Oktober 1943 hingerichtet. Er hinterließ
seine Frau und fünf Kinder. Manche mögen mit
dem Andenken Walter Mehnerts schon kurz nach
dem Krieg ihre Schwierigkeiten gehabt haben.
Dem Antwortschreiben aus dem Rathaus auf die
Frage des Landratsamtes, ob es in Marienberg Opfer des Faschismus gebe, haftet Bürogeruch an:
Geburtsort, Beruf, Todestag und die Daten der
nächsten Angehörigen werden ebenso knapp ver-
merkt wie: „Todesursache und Beerdigungsort aus
der Sterbeurkunde nicht ersichtlich."

Es gibt kein Grab für Walter Mehnert. Nur der
Name einer kleinen Straße in Marienberg erinnert
an den ermordeten Widerstandskämpfer. In den
Wirren der Wende 1989/90 wäre die Walter-Meh-
nert-Straße beinahe dem modisch-blinden Umbe-
nennungswahn zum Opfer gefallen. Nach dem Ein-
spruch der Angehörigen blieb der Straßenname
schließlich doch erhalten. Inzwischen erinnert eine
schlichte Gedenktafel im Marienberger Rathaus an
Walter Mehnert – einen jener Deutschen, die, wie
Peter Weiss schrieb, „für das Notwendige" gestorben sind.

Mathias Zwarg

*Der offene Aufruf
Münchener Studen-
ten zum Widerstand
gegen Hitler endet
mit der Hinrichtung
aller Mitglieder der
Studentenbewegung
„Weiße Rose".
Unter ihnen die Ge-
schwister Hans und
Sophie Scholl sowie
Christoph Probst
(von links)*

*Der Schindelbacher
Walter Mehnert
wird als Hitlergeg-
ner in Brandenburg
hingerichtet*

105

1944

Buchheim „Das Boot"

Licht! Ich stemme mich hoch.

Das Loch ist gut drei mal drei Meter groß. Eisengeflecht mit dicken Betonklumpen darin hängt rings um das Loch von der Decke herunter. Das Geflecht bewegt sich, läßt immer neue riesige Betonbrocken fallen.

Das Wasser im Dock hört nicht auf, an den Pieren hochzubranden. Mein Gott, sieben Meter Beton durchschlagen! Das gab's noch nie! Geschrei, Befehle. Hinundhergerenne nun auch im Bunker.

Die Bunkerdecken galten als sicher gegen jedes Kaliber. Woher kommt bloß der viele Dampf?

Luft! Nur Luft! Hier ersticke ich noch. Durch dichte Menschenknäuel wühle ich mich zur riesigen Panzertür zurück, boxe zwei Werftarbeiter zur Seite, die mir den Weg verstellen wollen, und schiebe mich durch den engen Spalt. Nichts als schwarzer Ölqualm. Es muß einen Treiböltank getroffen haben. Nein: Das ganze Hafenbecken ist ein einziger Brandherd. Nur die Kräne ragen unberührt aus den quellenden Feuerwolken. Scharfes Prasseln und das Wehgeschrei einer Dampfersirene, das kein Ende finden will.

Ich wende den Blick nach rechts zur Schleuse hin. Der Himmel ist hier freier. Ich sehe zerrissene Lagerschuppendächer, zu Trümmerhaufen gebombte Häuser. Verbogene Drähte, Fetzen ausgezackten Eisens langen nach meinen Füßen. Ich rutsche fast in einen Krater hinein, den ich im Dunst nicht sah. Ein Verwundeter stemmt sich mir vom Boden entgegen, Irrsinn im Blick. Jetzt höre ich von überall her Stöhnen und Wimmern. Unter dem Staub und dem Qualm müssen viele Verwundete liegen.

Das Boot! Was ist mit dem Boot passiert?

Da treibt ein Windstoß den Qualmvorhang auf. Ich klettere durch hochgebogene Schienen, umgehe zwei Tote, haste an mennigroten Eisentrümmern vorbei. Vor mir fällt eine rauchende Geröllhalde hinab ins Wasser. Mein Gott, das war die Pier! Und das Boot? Wo ist bloß unser Boot? Ich sehe ein Stück Eisen wie eine riesige Pflugschar aus dem Wasser ragen – ein Netzabweiser daran. Ein U-Boots-Bug! Holztrümmer schwappen auf dem Wasser. Wasser? Das ist ja alles Öl! Und die schwarzen Klumpen, die da treiben: drei – vier – mehr – das sind ja Menschen! Diese Nöcks zwischen den aufsprudelnden Blasen müssen Leute von unserem Boot sein. Der Alte? Wo ist bloß der Alte?

Da sehe ich im Dunst den Alten: blutüberströmt, Pullover und Hemd zerfetzt. Seine Augen, sonst immer dicht verkniffen, sind weit aufgerissen. Fast zu gleicher Zeit sinken wir auf die Knie und hocken uns auf den zerspellten Steinen mit aufgestützten Armen gegenüber wie zwei Sumoringer. Der Alte macht den Mund auf, als wolle er losbrüllen. Aber es ist Blut, das ihm über die Lippen stürzt.

(Aus dem Roman „Das Boot" von Lothar-Günther Buchheim, 1918 geboren und in Chemnitz aufgewachsen.)

CHRONIK

Alliierte landen in der Normandie und bilden eine zweite Front

Der in Prag uraufgeführte Hans-Albers-Film „Große Freiheit Nummer 7" erhält in Deutschland Aufführungsverbot

Werner Seelenbinder, mehrfacher deutscher Ringermeister (4. Platz bei der Olympiade 1936 in Berlin) wird wegen Kuriertätigkeit für die KPD hingerichtet

106

Lothar-Günther Buchheim auf der Terrasse seines Hauses in Feldafing am Starnberger See

1945

Freie Republik Schwarzenberg

Plötzlich war es still, noch am vergangenen Tag hörte man amerikanische Artillerie aus der Gegend um Hartenstein. Die Russen sollten in Annaberg sein. Aber durch unser Dorf, nicht weit von Schwarzenberg entfernt, fuhren nur ein paar noch vor wenigen Tagen kriegsgefangene Polen, johlend und betrunken in einem offenen Wagen. Sie brieten ein Schwein vor der Fleischerei. Sie lachten: Der Krieg war vorüber. Aber während in den benachbarten Orten die Russen als Besatzungsmacht einzogen, während man vernahm, daß sich die Amerikaner von der Mulde zurückgezogen haben sollten, hier in diesem Stück Land um Schwarzenberg, blieb es über Tage und Wochen ruhig.

Ein Stück Landes blieb also unbesetzt, vom 8. Mai 1945 bis Ende Juni 1945. Schwarzenberg war damals eine der typischen erzgebirgischen Industriestädte, Hauptort der gleichnamigen Amtshauptmannschaft. In den benachbarten Dörfern und Wäldern lagerten letzte versprengte Einheiten der Heeresgruppe Mitte. Die Generale Berg und Trierenberg hatten Ende April ihre Kampfkommandatur im Hotel „Ratskeller" errichtet. Der Gauleiter von Sachsen, Martin Mutschmann, hatte sich in ein Jagdhaus am Fichtelberg verkrochen.

In diesem Niemandsland um Schwarzenberg waren es Kommunisten, Sozialdemokraten, aber auch der Landrat Dr. Hähnichen, die sich um Ordnung mühten, neue Verwaltungsstrukturen bildeten. So gab es eine bewaffnete Arbeiterwehr, die sich um die Sicherung der Waffenbestände kümmerte. Auch Mutschmann wurde in seinem Versteck aufgespürt und den sowjetischen Truppen übergeben. Ein antifaschistischer Aktionsausschuss versuchte erste Schritte in eine neue Gesellschaft. Die „Schwarzenberger Zeitung" trug den Untertitel „Gegen Faschismus und Militarismus – Für Wiederaufbau und soziale Gerechtigkeit".

Es ist heute nicht mehr genau nachzuvollziehen, weshalb dieses Stück Land damals nicht besetzt wurde. Gab es Kartenfehler bei der Festlegung der Besatzungszone? Sorgte die Namensähnlichkeit der Städte Schneeberg, Annaberg und Schwarzenberg für die Verwirrung? Es sind Vermutungen und Spekulationen, aber keine gesicherten Aussagen. Nur das Faktum bleibt: Der Kreis Schwarzenberg blieb für gut sechs Wochen im Jahre 1945 Niemandsland. Die Freie Republik Schwarzenberg blieb freilich eine Utopie, eine Erfindung der Romanliteratur. 1969 erschien der Roman „Aufstand der Totgesagten", in welchem der Chemnitzer Schriftsteller Johannes Arnold die Ereignisse in einer Romanhandlung darstellte (Neuausgabe 1987), bekannter noch wurde Stefan Heyms Roman „Schwarzenberg", der freilich zuerst 1984 nur im Westen erschien. Hier wird Heyms Idealvorstellung sichtbar: Eine sozialistische, demokratische Republik, die vielleicht aus den Schwarzenberger Ereignissen hätte entstehen können. Aber es blieb bei der Utopie, und es sollte lange dauern, ehe die damaligen Ereignisse ohne ideologische Festlegungen diskutiert werden konnten.

Dr. Klaus Walther

CHRONIK

Der Zweite Weltkrieg endet am 8. Mai
■
Abwurf der ersten Atombombe
■
In Nürnberg beginnt der Prozeß gegen 24 als Hauptkriegsverbrecher angeklagte Nazi-Größen
■
Betriebe über 100 Hektar werden in der sowjetisch besetzten Zone enteignet
■
Einheiten der Wehrmacht sprengen die Elsterbrücke im Raum Oelsnitz und die Autobahnbrücke bei Schlegel nahe Hainichen
■
Käthe Kollwitz („Ein Weberaufstand", „Der Krieg") stirbt 77-jährig in Moritzburg

Kunst und Kneipe in Schwarzenberg – ein Ort für leibliche und geistige Genüsse. Und eine Stätte der Erinnerung an die Freie Republik Schwarzenberg

Erinnerung an sechs Wochen besatzungsfreie Zone

1946

Das neue Bergkgeschrey

CHRONIK

Gründung der SED und der FDJ in der sowjetischen Besatzungszone

■

Bei der Bodenreform werden in der sowjetisch besetzten Zone 53 000 Betriebe mit 2,6 Millionen Hektar an Neubauern verteilt

■

Die Bergakademie Freiberg wird als eine der ersten Hochschulen Deutschlands am 8. Februar wiedereröffnet

■

Das Volksfest „Annaberger Kät" findet erstmals nach 1939 wieder statt

■

Gerhart Hauptmann, Dramatiker und Erzähler („Vor Sonnenaufgang", „Der Biberpelz", „Die Ratten"), stirbt 83-jährig

„Im Spätsommer 1945 erschienen im Radiumbad Oberschlema Offiziere der Roten Armee, die sich, wie wir erst viel später erfuhren, für den hohen Radiumgehalt der Heilwässer interessierten. Sie holten sich alteingesessene Bergleute der Sachsenerz AG für ihre Untersuchungen zur Hilfe ...". So begann es also. Im Frühling 1946 hatte dann die Militär-Administration der Besatzungsmacht in Berlin-Karlshorst beschlossen, in Johanngeorgenstadt mit dem Abbau von Uranerzen zu beginnen. Das legendäre „Objekt 01" der „Wirtschaft Malzew", wie das Unternehmen zunächst hieß, wurde in Johanngeorgenstadt begründet.

Martin Vogel, der mit anderen Bergleuten am Grenzbaum zur ČSR im „Frisch-Glück-Stolln" einfuhr, erzählte später: „Das Erz war schon erkannt in dem alten Stollen, aber hereingewonnen haben wir es, vorher hat es niemand aus den Gängen abgebaut. An jedem Schichtende musste ich hinauf ins ‚Deutsche Haus'. Dort saß der sowjetische Geologie-Offizier, bei ihm mußte ich Meldung machen, wieviel Erz wir gemacht hatten". Später war es dann auch Martin Vogel, der mit Schlägel und Eisen die erste Pechblende aus dem Markus-Semmler-Stolln in Oberschlema holte. „Der erste Hammerschlag von mir war direkt ins Erz. Das stand an mit vierzig, fünfundvierzig Zentimeter Mächtigkeit – reine Pechblende."

So also hat es begonnen, nach dem 2. Weltkrieg im Erzgebirge. Überall wuchsen die Fördertürme, die Halden türmten sich auf. Und es war eine Goldgräberzeit: Die Bergleute kamen aus allen Ge-

genden, sie kamen aus allen Berufen. Niemand wurde gefragt, ob er bei den Nazis Bürgermeister oder Offizier gewesen war. Man brauchte Leute, auch Frauen wurden genommen. Und sie hatten Geld, das sie bei mancherlei Abenteuern ausgaben.

„Wöchentlich drei bis vier Züge mit 27 Waggons Metall, im Durchschnitt dreizehn Züge pro Monat habe ich am Bahnhof Aue, das war Zeche 20, mit meinen Leuten zusammengestellt", erzählt einer, der lange als Chef der Erzverladung arbeitete.

Die Wismut war, die Menschen des Erzgebirges wissen es, ein Staat im Staate. Nur mit einem besonderen Stempel im Ausweis durfte man in das Sperrgebiet einreisen oder musste einen „Propusk" vorweisen. Man hatte eigene Gaststätten und Geschäfte, Kulturhäuser und Ferienheime. Freilich, erst heute wird deutlich, wie viele Bergleute die Privilegien mit ihrer Gesundheit bezahlt haben. Lange war die Gefahr des strahlenden Elements tabu, aber heute wissen wir, daß bis 1990 mindestens 8 000 Bergleute an Lungenkarzinomen erkrankten.

Das Ende des Uran-Erzbergbaus kam mit der Wende. 1991 wurde auf dem Schacht 371 im Bergbaugebiet Aue-Alberroda der letzte Hunt mit Erz gefördert.

(Dr. Klaus Walther, nach Materialien des Chronisten Werner Schiffner)

110

Der letzte mit Erz
gefüllte Hunt in
Aue-Alberoda be-
endet 1991 das
Kapitel Uran-
erzgewinnung der
Wismut

Ein Stahlförder-
turm der Wismut in
Alberoda fällt

1947

Wärmestube und Tauschzentrale

CHRONIK

Taft-Harthy-Gesetz in
den USA beschränkt
Streikrecht der
Gewerkschaften
■
Schwarzmarktpreise
in Berlin: 20 amerika-
nische Zigaretten
150 Reichsmark,
ein Kilogramm Kaffee
1100, ein Ei zwölf-
und Zündhölzer fünf
Reichsmark
■
Gründungsversamm-
lung und erste
Singstunde des
Schumannchores der
Stadt Zwickau
■
In der Zinnhütte
Freiberg wird das
erste Zinn nach dem
Krieg geschmolzen
■
Horch Zwickau
stellt den ersten
Traktor her
■
Max Planck, Physiker
und Begründer
der Quantentheorie,
stirbt 89-jährig
in Göppingen

1947 war für die Menschen eines der schlimmsten Nachkriegsjahre. Bergehoch lagen in den Städten noch die Trümmer, man hungerte, fror und kämpfte um das bloße Überleben. Der schwarze Markt aber funktionierte in geradezu beängstigender Weise; zu astronomischen Preisen gab es dort nahezu alles. Und immer wieder wurden Waren beiseite geschafft, um sie zu Höchstpreisen schwarz zu verkaufen. Der Kölner Oberbürgermeister schrieb z. B. seinem Chemnitzer Amtskollegen, in Köln gebe es auf dem Schwarzmarkt Damenstrümpfe zu 170 Mark das Paar, die „massenhaft" aus Chemnitz herausgebracht würden. Doch solcher Tips gab es viele. Ehrliche Arbeit zählte so wenig, dass der Gewerkschaftsbund am 4. Januar 1947 „ein schärferes Vorgehen, ja die Todesstrafe für Schieber und Schwarzhändler" forderte.

Zu allem Überdruss wurde der Winter noch ungewöhnlich hart. Güterzüge saßen fest, weil es zu wenig Kohle für die Lokomotiven gab, in Chemnitzer Amtsstuben gefror sogar die Tinte. Der Bevölkerung fehlte es an Heizmaterial; Gas und Strom wurden nur stundenweise geliefert, und kamen noch Notabschaltungen hinzu. Viele Tausende entkamen dem Kältetod nur dadurch, dass spezielle „Wärmestuben" für jedermann offenstanden.

Die „Volkssolidarität", eine im Herbst 1945 aus der Not heraus gegründete Organisation, rief dazu auf, ihr schlimme Notfälle zu melden, zum Beispiel Kranke, die in unbeheizten Wohnungen darniederlagen. Man konnte ihnen auch wirklich zur Seite stehen, weil sich auch damals dafür viele freiwillige Helfer fanden!

Die Volkssolidarität richtete 1947 auch sogenannte „Tauschzentralen" ein. Sie sollten, wenn jemand nützliche Dinge aus seinem persönlichen Besitz abgeben wolle, um dafür etwas anderes zu erhalten, einen „reellen Austausch" ermöglichen. Dieses Angebot wurde angenommen. Die Chemnitzer boten in den ersten zwei Wochen nach Eröffnung rund 1500 Gegenstände an und etwa 700mal kamen Tauschgeschäfte zustande. Wegen der regen Nachfrage mußte man diese Tauschzentrale sogar rasch erweitern. Die Tragik dabei: Wer beim besten Willen nichts zu bieten hatte, dem nützte die Sache nichts.

Ich selbst tauschte mir – damals gerade 16 Jahre alt – in solch einer Zentrale ein dringend benötigtes Sakko ein. Als Vertriebene besaßen wir zwar kaum etwas, denn wir hatten nur das Allerwenigste mitnehmen können. Schließlich fand Mutter aber doch noch etwas, und die dafür gutgeschriebenen „Punkte" reichten. Ein geeignetes Sakko ließ aber auf sich warten. Schließlich griff ich dennoch zu. Das Ding saß nicht gut, Schnitt und Farbe gefielen mir nicht, ich wurde nicht recht froh mit diesem Stück. Aber was bedeutete das damals schon. Ich brauchte ein Sakko, und das war eines!

Franz Böhm

Bilder aus dem Jahr
1947:
50 000 Menschen sind
auf dem Chemnitzer
Theaterplatz vom
Alexandrow-Ensemble
der UdSSR begeistert

Bei Horch in Zwickau
läuft der erstenTraktor
nach dem Krieg vom
Band

113

1948

Kunsthonig und „Freie Läden"

Der Mangel an Nahrung, Bekleidung und Brennstoffen bestimmte 1948 den Alltag in der Region. Und als der Herbst zur Neige ging, fürchtete man, der kommende Winter könnte ebenso streng werden wie der vorangegangene.

Da kam Ende Oktober plötzlich eine fast sensationelle Nachricht: „Freie Läden", „Freie Gaststätten" und eine „Handelsorganisation" (HO) würden gegründet. Und dort verkaufe man Waren, die streng rationiert sind, ganz ohne Lebensmittelkarte oder Bezugsschein, doch zu hohen Preisen.

Wie ein Lauffeuer sprach sich herum, was dort zu haben war. „Buttercremtorte, das Stück zu fünf Mark, ach, was war das für ein Genuss" tönten die einen. „Und Kunsthonig für die Kinder, dazu Milchbrötchen, die haben sich gefreut wie seit langem nicht". Ein anderer verriet, dass er sich endlich neue Lederschuhe zulegte. Wieder andere gönnten sich wenigstens Bockwürste mit Brötchen und Senf, für fünf Mark das Stück, „die schmeckten wie in besten Friedenszeiten".

Solche Botschaften waren weder zu überhören noch einfach zu verdrängen. Klang das nicht so, als ob die lang erwartete „Normalität" endlich da ist? Oder doch wenigstens der Anfang davon?!

In Chemnitz zählte der erste HO-Laden im Kaufhaus „Merkur" am Eröffnungstag innerhalb von sechs Stunden über 3 000 Käufer. Der Umsatz lag bei 100 000 Mark, und davon entfielen rund 20 000 Mark auf Kunsthonig, 30 000 Mark auf Konfitüren und 2 000 Mark auf Backwaren. Für 7 000 Mark verkaufte man Textilien und für 10 000 Mark Schuhwaren. In den kommenden Tagen und Wochen stiegen Käufer- und Umsatzzahlen weiter an, immer neue HO-Läden öffneten. Was die einen freute, tat anderen eher weh. Viele Familienväter verdienten im Monat gerade mal 200 bis 300 Mark brutto, da waren fünf Mark viel Geld. Besonders schlimm waren Frauen dran, die allein dastanden und mehrere Kinder durchbrachten. „Ich konnte dort nicht einkaufen", erzählte mir erst kürzlich eine Nachbarin, die 1948 allein vier Kinder zu versorgen hatte. „Erst als mein Mann endlich aus der Kriegsgefangenschaft zurück war, kauften wir in der HO öfter mal Milchbrötchen für die Kinder. Aber mehr war auch nicht möglich."

Die HO unterbot die Schwarzmarktpreise nur knapp. Anders ging es nicht, weil Schwarzhändler die Differenz sonst wieder ausnutzen könnten, hieß es. Nun, es kam wohl noch hinzu, daß die Warenproduktion auch nur mühsam in Gang kam. Doch das Allerwichtigste war wohl, daß die Bürger den schwarzen Markt jetzt ebenso vergessen konnten wie die Hamsterfahrten auf die Dörfer. Und so manche Geldsumme, die zuvor ein paar Schieber abkassierten, floss jetzt in den Wiederaufbau des kriegszerstörten Landes.

Franz Böhm

Ereignisse des Jahres:
Der Bergmann Adolf Hennecke begründet mit einer Hochleistungsschicht die von der SED initiierte Aktivistenbewegung in der sowjetischen Besatzungszone

Angehörige der Kasernierten Volkspolizei demonstrieren anläßlich des 1. Mai

1949

An einem Freitag 1949

CHRONIK

Die NATO wird
am 4. April als
Verteidigungspakt
gegründet
∎
Der Parlamentarische
Rat verabschiedet
die Verfassung der
Bundesrepublik
(Grundgesetz)
∎
Konrad Adenauer
wird Bundeskanzler
∎
Papst Pius XII.
erklärt die Mitglieder
und Sympathisanten
der kommunistischen
Parteien für
exkommuniziert
∎
Die Mannschaft des
italienischen Fußball-
meisters „Torino"
Turin kommt bei
einem Flugzeugab-
sturz ums Leben
∎
Ungarns Primas
Jozsef Mindszenty
wird wegen angeb-
licher Restaurierung
der Vorkriegsverhält-
nisse zu lebenslanger
Haft verurteilt

Anfang Oktober suchte mich unser damaliger FDJ-Chef von Oberlungwitz auf, um mich mit der Einladung zu überraschen, zwei oder drei Tage darauf mit nach Berlin zu fahren. Was dort los sein sollte, vermochte er mir zwar nicht so genau zu erklären, sprach nur von einem Fackelzug. Ich musste ablehnen. Als Lehrling in einer Gärtnerei im benachbarten Hohenstein-Ernstthal konnte ich mich nicht von heute auf morgen freimachen.

Der Grund der Einladung wurde mir bereits am nächsten Abend, einem Freitag, klar. Aus dem Radio erfuhr ich, dass in Berlin ein ostdeutscher Staat mit Namen Deutsche Demokratische Republik gegründet worden war. In den Folgetagen überschlugen sich die Ereignisse: Benennung der Regierung, Regierungserklärung von Ministerpräsident Otto Grotewohl, Berufung Wilhelm Piecks zum Staatspräsidenten – deshalb auch der Fackelzug..

Dementsprechend lebhaft waren auch die Debatten in unserer Gärtnerei die – wie mir noch heute erscheint – charakteristisch für die seinerzeitige Stimmung waren. „Die mussten ja reagieren, konnten doch nicht einfach alles hinnehmen", meinte unser Meister, obwohl seine Sympathie eher jenen gehörte, die rund vier Wochen zuvor in den westdeutschen Besatzungszonen die Bundesrepublik Deutschland ausgerufen hatten. Gustav, der älteste in der Runde, ein ehemaliger Buchhalter, der nach der Rückkehr aus sowjetischer Kriegsgefangenschaft keine Arbeit in seinem Beruf fand, gab dem neuen Staat höchstens fünf Jahre. Alles bestimmten doch hüben wie drüben die Besatzungsmächte,

wandte unser Umschüler Harald ein. Franz und Heinz, die beiden Mitlehrlinge, stimmten verhalten meinen Versuchen zu, in der Staatsgründung eine Chance für einen Weg zu besseren Lebensbedingungen zu sehen. Nach den vorangegangenen Hungerjahren war dabei wohl mehr der Wunsch der Vater des Gedankens.

Tatsächlich aber mehrten sich schon bald bescheidene optimistisch stimmende Anzeichen. Bei Niles in Siegmar wurden mehrere Betriebsabteilungen erweitert und gleichfalls in Chemnitz-Siegmar Richtfest an 20 neuen Wohnungen gefeiert. Aus der Talsperre Cranzahl floss erstes Trinkwasser. Zum 1. November schließlich kam jener einschneidende Regierungsbeschluss: Die teils krassen Unterschiede zwischen den einzelnen Kategorien an Lebensmittelkarten werden weitgehend abgebaut, die jeweiligen Rationen spürbar erhöht und die Lebensmittelpreise in den „freien Läden" der HO erheblich gesenkt. Jedem Erwachsenen standen jetzt auf Lebensmittelmarken pro Monat beispielsweise mindestens 14 250 Gramm Brot und 1 200 Gramm Fleisch auf Lebensmittelkarten zu. Und wem die Markenrationen nicht reichten, der konnte nun zu zahlbaren Preisen „markenfrei" in der HO Lebensmittel zukaufen, das Kilo Mehl zum Beispiel für sechs Mark. Zuvor kam es das Dreifache. Freilich, noch mangelte es weiter an Vielem, doch nicht mehr an Brot. Hungern mußte niemand mehr.

Gunther Wendekamm

*Armeegeneral
Tschuijkow verliest
eine Erklärung der
Sowjetregierung
zur Gründung
der DDR*

*Gute Losung auch
1999:
Berlin – nicht Bonn*

117

1950

480 000 auf dem Sachsenring

CHRONIK

Polen und die DDR
erkennen die Oder-
Neiße-Linie als
Friedensgrenze an
∎
TASS meldet die
Rückführung
der Kriegsgefangenen
bis auf 9 717 Kriegs-
verbrecher
als abgeschlossen
∎
Im Westberliner
Rathaus Schöneberg
wird die Freiheits-
glocke – Geschenk
der Amerikaner –
eingeweiht
∎
Volljährigkeit
in der DDR
von 21 Jahren auf
18 herabgesetzt
∎
Der legendäre
Zwickauer
„Lindenhof" wird
wiedereröffnet
∎
In Chemnitz wurde
die in Europa
modernste Radrenn-
bahn eingeweiht

Über 480 000 Motorsportbegeisterte fanden 1950 den Weg zum Sachsenring, um die spannenden Rennen, die insgesamt 120 DDR- und 105 westdeutsche Fahrer als ersten und einzigen Gesamtdeutschen Meisterschaftslauf austragen sollten, mitzuerleben. Die Mächtigen nutzten die Sportveranstaltungen weidlich für ein Politspektakel, so hieß es in Zeitungen, auf Plakaten, in Programmen und auf Spruchbändern:

„Wir fahren in erster Linie für den Frieden!" oder „Der kommende Sonntag in Hohenstein-Ernstthal wird ein Beitrag sein, die heißersehnte Einheit unseres Vaterlandes zu erringen und den Frieden zu sichern!"

Westdeutsche Fahrer wurden aufgerufen, den Appell zur Ächtung der Atombombe zu unterschreiben und vieles mehr.

Doch all dies verblasste im Renngeschehen, die rennbegeisterten Massen standen bereits an den Trainingstagen dicht gedrängt bis an den Straßenrand, bestaunten und umjubelten ihre Idole wie Hein Thorn-Prikker, H. P. Müller, Bernhard Petruschke, Rudi Knees, Walfried Winkler, Ewald Kluge, Heiner Fleischmann, Georg Meier und viele andere mehr.

1927 hatten 20 wagemutige Motorradfahrer das inzwischen legendär gewordene Rennen auf dem Kurs um Hohenstein-Ernstthal aus der Taufe gehoben. Damals hieß es noch Badberg-Viereckrennen, so auch 1928. Doch 44 Unfälle in jenem Jahr ließen weitere Rennen zunächst scheitern, erst 1934 kam der Kurs zu neuen Ehren. Der Große

Preis von Deutschland und zweimal sogar der Große Preis von Europa gelangten auf dem inzwischen seit 1937 Sachsenring genannten Rundkurs zur Austragung.

Ganze drei Wochen nach dem Sachsenringrennen 1939 begann der Zweite Weltkrieg, keinen Raum mehr lassend für sportliche Wettkämpfe unter den Nationen.

Nach zehnjährigem Schweigen der Rennmotoren riefen rührige Motorsportfreunde 1949 die spannenden Rennen am Sachsenring wieder ins Leben. 1950 standen zehn Läufe auf dem Programm. Bei den 125-ccm-Maschinen siegte Ewald Kluge vor H. P. Müller. In der Klasse A für Motorräder bis 250 ccm trug Hermann Gablenz auf Parilla vor Hein Thorn-Prikker aus Bad Godesberg und dem Ingolstädter Ewald Kluge auf DKW den Sieg davon, während bei den 350ern Heiner Fleischmann einen glatten Start-Ziel-Sieg mit über zwei Minuten Vorsprung herausfuhr, er hielt damals mit 146,55 km/h den absoluten Streckenrekord.

Heute nun hat der Sachsenring sein Comeback im vereinten Deutschland bestanden, wieder kommen die Zuschauer, wenn es auch nicht 480 000 sind. Jetzt hat das Fernsehen die neuen Zuschauerrekorde.

Wolfgang Hallmann

118

Der Sachsenring
heute

So ging es auf dem
Rundkurs Anfang
der 50er Jahre zu

1951

Tag des Lehrers – eine Erinnerung

CHRONIK

Großbritannien, Frankreich und die USA teilen mit, dass der Kriegszustand mit Deutschland beendet ist
∎
Überraschend wird der frühere Generalsekretär der Kommunistischen Partei, Rudolf Slánsky, wegen „staatsfeindlicher Tätigkeit" verhaftet
∎
Erste Farbfernsehsendung in den USA
∎
DDR erhebt Straßengebühr für alle Fahrzeuge im Transitverkehr nach Westberlin
∎
Der Bundesgrenzschutz wird gebildet
∎
Der „Frohnauer Hammer" wird als technisches Museum eröffnet
∎
Igor Strawinsky dirigiert zum ersten Mal seit 15 Jahren wieder ein deutsches Orchester

Aus dem deutschen Alltag ist die Schule nicht wegzudenken. Es gibt wohl kaum einen, der nicht über seine Schulzeit, über seine Streiche und seine Lehrer zu erzählen weiß, Hahnebüchenes oft, aber nicht selten sprechen die „Ehemaligen" auch mit Dankbarkeit von manchen ihrer Lehrer. Das reflektiert sich auch in der Literatur. Wilhelm Buschs Lehrer Lämpel ist ebenso gut bekannt, wie die „Feuerzangenbowle" oder die Figuren von Heinrich Mann oder Hermann Hesse.

Ich bin mein Leben lang Lehrer gewesen und war es mit Leib und Seele. Dabei sollte ich am Ende des Zweiten Weltkrieges als Flugzeugbauerlehrling nach Dessau gehen, aber dann musste ich mit sechzehn Jahren in den Krieg. Ich bin knapp davongekommen, mein Vater jedoch war gefallen. Meine Mutter hatte unbeschreiblich gelitten.

Der Krieg und die damit verbundenen furchtbaren Erlebnisse und tief greifenden Erfahrungen hatten mich geprägt. Nie wieder Krieg, das war die eindringliche Lehre aus dieser Zeit. Wie aber muss eine Gesellschaft gestaltet werden, dass von ihr nie Krieg ausgehen kann? Auch wir jungen Lehrer suchten nach neuen Wegen. Wir orientierten uns am Erziehungsziel der antifaschistisch-demokratischen Schule, die jungen Menschen „zu selbstständig denkenden und verantwortungsbewusst handelnden Menschen" zu erziehen, die sich dem Frieden, der Völkerfreundschaft, echter Demokratie und wahrer Humanität verpflichtet fühlen.

Leicht aber war dieser Beruf nicht. Probleme gab es an allen Ecken. Oft mangelte es an Lehr- und Lernmitteln. Um Linoldrucke fertigen zu können, schleppten wir eine alte Wäschemangel in die Schule, noch schwieriger war es, für jeden Schüler ein Stück Linoleum zu beschaffen.

Im Jahre 1951 nun wurde zum 1. Juni der „Tag des Lehrers" eingeführt. Auch für andere Berufsgruppen hatte man ja ähnliche Ehrentage. Aber vielleicht war dieser Tag doch etwas Besonderes, denn er sprach auch die Schüler und die Eltern an. So waren viele einbezogen. Sie brachten Blumen, dankten den Lehrern ganz aus freien Stücken. Es mangelt heute nicht an Diskriminierung der Schule, der Lehrer. Immerhin aber gibt es auch Stimmen, die sagen, dass das Bildungsniveau in der DDR durchaus den internationalen Vergleich nicht zu scheuen brauchte.

Als wir begannen, waren wir Lehrende und Lernende zugleich: Die Lehrpläne waren anspruchsvoll, so wurde zum Beispiel in der 8. Klasse, Mathematik, noch das Wurzelziehen gelehrt, im Fach Zeichnen die Konstruktion des Goldenen Schnittes. Nicht selten musste ich mir den Stoff, den ich zu lehren hatte, selbst erst aneignen.

Oft werde ich heute zu Klassentreffen ehemaliger Schüler eingeladen. Was bleibt, sind Erinnerungen an bewegte Zeiten, an unseren schweren Beginn, aber auch an Freundlichkeit zwischen Lehrern und Schülern, die nicht nur als Blumensträuße daherkamen.

Dr. Siegfried Freick

120

So wurde 1949 in Neu-Rochlitz der Schulunterricht— trotz Mangel an Lehrmitteln – durchgeführt

Unterricht in der Fürstenschule. Auch „armer Leut" Kinder aus Chemnitz und dem Erzgebirge saßen auf der Schulbank, sofern sie begabt waren. (Holzschnitt aus der Zeit der Reformation)

121

1952

Unvergesslicher Hochzeitstag

CHRONIK

DDR lehnt es ab, die UN-Kommission zur Prüfung der Voraussetzungen für freie Wahlen ins Land zu lassen

Die Nordseeinsel Helgoland wird wieder in deutsche Verwaltung übernommen

Die DDR ersetzt ihre fünf Bundesländer durch 14 Bezirke

Mit der 25-jährigen Königin Elisabeth besteigt 50 Jahre nach der legendären Königin Viktoria wieder eine Frau den britischen Thron

Chemnitzer Bürger werden zur Enttrümmerung der Stadt aufgerufen

Eine „Clara-Zetkin-Gedenkstätte" öffnet in Wiederau

Oskar Tschipke war ein Einzelbauer in Wolkenburg, Kreis Glauchau. Einer von jenem Typ, den es in jedem Dorf mindestens einmal gab. Diese Bauern hatten das große Sagen. Begannen sie mit der Aussaat, mit der Ernte oder mit dem Holzmachen, dann begannen die anderen auch und keinesfalls eher damit an. Als es dann 1952 darum ging, die Bauern für die genossenschaftliche Arbeit zu gewinnen, waren es wieder solche Bauern wie Oskar Tschipke, nach denen sich die meisten im Dorf richteten. Und weil es der „Leitwolf" ganz und gar nicht eilig hatte mit der Genossenschaft, hatten es – sehr zum Ärger der Oberen im Kreis – auch die anderen im Dorf ganze acht Jahre „ausgehalten". Kurz vor Ultimo, als die gesamte Landwirtschaft vollgenossenschaftlich wurde, hatte dann auch Oskar unterschrieben. Und mit ihm alle anderen.

Die Geschichte ist dem Chronisten deshalb gut in Erinnerung geblieben, weil sie mit einer sehr netten Episode verbunden war. Als Oskar unterschrieb, stellten sich viele aus der Kreisstadt ein, denen ein Stein vom Herzen fiel. Keiner wollte ja der Letzte sein, der nach oben Vollzug meldete. Es gab Blumen über Blumen. Was die Bäuerin Tschipke zu der Bemerkung veranlasste, die ihren Mann völlig aus der Fassung brachte: „Das erste Mal gibt's zum Hochzeitstag Blumen."

Mit dem Eintritt eines Bauern in die Genossenschaft waren natürlich Bedenken und Ängste vor der Zukunft ebenso wenig ausgeräumt, wie sich Hoffnungen mit dem neuen Lebensabschnitt verbanden. Da wurden Agrar-Experten zitiert, die schon in den zwanziger Jahren verkündeten, dass es sich im Erzgebirge und Vogtland kaum – und schon gar nicht in Großbetrieben – lohne, Landwirtschaft zu betreiben. Weil „da am besten Fichten und Birken wachsen". Und da sprachen sich viele Enttäuschungen von Neubauern herum: „Kaum hat man ein Stück Boden, und schon ist es wieder weg".

Bedrückend für das Gemüt war damals der Anblick nicht weniger LPG, die Schulden über Schulden hatten, die sich allein nie hätten über Wasser halten können. Daran waren mangelnde Erfahrungen von der Leitung eines Großbetriebes ebenso Schuld wie der Umstand, dass verlassene und heruntergewirtschaftete Bauernbetriebe von der Genossenschaft ohne Diskussion übernommen werden mußten. 200 Mark Lohn pro Monat im Feldbau waren natürlich keine Werbung für die Genossenschaft. Alle Versprechungen der Agitatoren wie geregelte Arbeitszeit, freie Tage, mehr Dünger, moderne Technik blieben damals für viele erst einmal nur Versprechungen.

Übrigens, knappe 1 000 Wochen nach dem Eintritt von Oskar Tschipke in die LPG kam es wieder zu einer Begegnung des Chronisten mit Tschipkes. Frage an die Bäuerin: Nun mal Hand aufs Herz, hat Oskar seit damals wirklich an jedem Hochzeitstag an Blumen gedacht? Antwort: Na klar, im Garten baut er jetzt so viele an, dass fast das ganze Jahr über Blumen im Haus sind...

Eberhard Bräunlich

122

*Mähdrescher-
kolonnen prägten
das Bild auf den
riesigen Genossen-
schaftsfeldern
während der Ernte*

*Der Eintritt der
Tschipke-Bauern
in die LPG
ausgerechnet am
Hochzeitstag
brachte der
Bäuerin fortan
viele Blumen*

123

1953

17. Juni 1953

CHRONIK

In der Bundesrepublik sind seit Kriegsende zwei Millionen Wohnungen gebaut worden

■

Die Operettenkomponisten Emmerich Kálmán und Eduard Künnecke verstorben

■

Erstbesteigung des höchsten Berges der Erde (Mt. Everest, 8 882 Meter) durch Hillary, Neuseeland, und Norgay, Nepal)

■

Erster Spatenstich für die Chemnitzer Pioniereisenbahn

■

Nach einem Gehirnschlag stirbt am 5. März 74-jährig Josef Stalin

■

Am 10. Mai wird Chemnitz in Karl-Marx-Stadt umbenannt.

Es war wie ein letztes Aufbäumen vor einer langen Zeit des Leidens, des zaghafteren Protestes gegen die SED-Unterdrückung und der Suche nach Überlebensnischen. In jenem Juni 1953 aber glimmte so etwas wie ein revolutionärer Funke im Volk, angefacht von einem Beschluss des SED-Zentralkomitees, den der Ministerrat am 28. Mai umsetzte: Angesichts einer drohenden Versorgungskrise sollten die Arbeitsnormen um rund zehn, in einigen Branchen um 30 Prozent erhöht werden. Dies bedeutete faktisch eine Lohnkürzung. Es regte sich Widerstand unter den Arbeiterinnen und Arbeitern.

„Das war eine unruhige Zeit", erinnert sich der Zschopauer Max Vetter, der damals Lehrling war, an die diskutierenden Grüppchen auf dem Zschopauer Markt, der bald von Polizei abgeriegelt wurde. Während sich Bertolt Brecht, Dichter der „Fragen eines lesenden Arbeiters", zunächst hinter die Regierung stellte, weil er mit den Streiks einen neofaschistischen Aufstand heraufziehen sah, waren die lesenden Arbeiter anderer Meinung. Sie forderten die Rücknahme der Normerhöhungen, freie Wahlen und den Rücktritt der Regierung. Als der Ministerrat am 17. Juni, 18 Uhr nach Massenkundgebungen in Berlin die Normerhöhungen zurücknahm, wurde bereits in über 200 Städten der DDR demonstriert. In Karl-Marx-Stadt streikten Belegschaften mehrerer Betriebe. In Marienberg formierte sich eine Demonstration, trotz Kasernierter Volkspolizei in der Stadt. In Antonsthal, Schwarzenberg und Johanngeorgenstadt kam es zu gewalttätigen Auseinandersetzungen. In Olbernhau

streikten die Arbeiter des Blechwalzwerks, nachts wurden SED-Parolen in Konsum- und HO-Läden entfernt und durch die Forderung nach freien Wahlen und dem Rücktritt der Regierung ersetzt.

Polizei und Sowjetarmee gingen brutal gegen die Demonstranten vor. Das Bundesministerium für innerdeutsche Angelegenheiten zog später Bilanz: Danach haben vom 16. bis 18. Juni in insgesamt 304 Orten der DDR über 300 000 Menschen die Arbeit niedergelegt, meist auch demonstriert. In 121 Städten wurde sowjetisches Militär gegen die Aufständischen eingesetzt. Über 167 der 214 Kreise wurde der Ausnahmezustand verhängt. Bei gewalttätigen Zusammenstößen kamen 267 demonstrierende Arbeiter, 116 Volkspolizisten und Funktionäre sowie 18 sowjetische Soldaten ums Leben. 92 Demonstranten wurden standrechtlich erschossen, 14 nach Todesurteilen hingerichtet. Allein bis bis zum 23. Juni wurden 6 325 Frauen und Männer verhaftet, 1 200 der Verhafteten wurden zu Zuchthaus-, Gefängnis- und Arbeitslagerstrafen verurteilt. Das Volk zahlte einen hohen Preis. Aus den Chroniken der DDR wurde der Aufstand weitgehend getilgt. In den Akten des Marienberger Rathauses findet sich lediglich ein Hinweis darauf, dass überhaupt über die Juni-Ereignisse gesprochen wurde.

Matthias Zwarg

Mit Pflastersteinen gingen am 17. Juni 1953 streikende Arbeiter in Ostberlin gegen die sowjetischen Panzer vor, die die Demonstrationen blutig unterdrückten

Brennendes HO-Gebäude auf dem Potsdamer Platz in Berlin

125

1954

Ein Jahrhundert-Hochwasser

Was für eine Jahr, was für ein Sommer. Es regnete, es regnete, als käme die biblische Sintflut wieder. Seit zwei Wochen goss es aus einem wolkenverhängten Himmel. Und das Wasser des Himmels staute nun die Bäche und Flüsse. Auch die Muldenwasser traten über die Ufer.

Katastrophenalarm in Penig, an der Brücke, die 1938 erbaut worden war, stieg das Wasser mit machtvoller Geschwindigkeit: Am 7. Juli, 7 Uhr waren es zwei Meter, fünfzehn Stunden später fünf Meter und am Morgen des nächsten Tages waren es dann sechs Meter.

Die Freifluter waren längst in den Fluten versunken, wie sollte man das Wehr noch retten? Volkspolizisten versuchten die angeschwemmten Baumstämme, Bretter und vielerlei andere Gegenstände zu bremsen, um das Wehr zu retten. Aber was hier gelang, es wurde am Brückengeländer zum Verhängnis. Das Schwemmgut krachte gegen das Geländer, würde die Brücke halten? Und der Einsatz gelang: Man konnte das Treibgut auf die Brücke ziehen.

Auch Menschen gerieten in Gefahr: Die Feuerwehrleute aus Penig mussten die Leute in der Lunzenauer Straße aus den oberen Stockwerken holen. Aber viele Leute wollten ihre Häuser nicht verlassen. Überredung, immer im Wettlauf mit den anwachsenden Wassern. Ein Kahn wurde an den Häuserwänden entlanggeführt. Und mit ihm wurden Menschen gerettet. Doch die mutigen Feuerwehrleute gerieten selbst in Gefahr: Plötzlich riss sich der Kahn vom sichernden Seil los. Er trieb mit

Macht stromabwärts, die Feuerwehrmänner konnten ihn nicht steuern, nicht stoppen. Doch da kam der Zufall zur Hilfe: An einer Einfahrt klemmte sich das Gefährt zwischen zwei Pfeilern fest. Rettung in höchster Not. Ein Stoff für Balladen.

Die Statistik meldet es ganz sachlich: Hier in Penig hatte die Feuerwehr mit vielen anderen Helfern 82 Häuser geräumt, 210 Familien mit 561 Personen evakuiert.

Damals stiegen überall die Wasser: In Zschopau, in Flöha und in Zwönitz . Auch in den großen Städten unseres Gebietes, in Chemnitz, in Zwickau, in Aue und eben vor allem in den Muldentälern waren diese Julitage Bewährungsproben für die Gemeinschaft, „da rase draußen Flut bis auf den Rand,/Und wie sie nascht, gewaltsam einzuschießen, Gemeindrang eilt, die Lücke zu verschließen", wie es im „Faust" heißt.

Aber das Wasser ist heute noch immer eine Gefahr: Trotz Talsperren, Dämmen und Flussbegradigungen, immer wieder einmal wachsen die Fluten. Und so wurde auch der Tag der Sachsen 1995 in Rochlitz ein Tag der Wasser-Sachsen. Der Vergnügungspark wurde überflutet, die Insel zwischen Mulde und Mühlgraben war nicht mehr zu sehen.

Und bei solcher Gelegenheit erinnert man sich: Weißt du noch, 1954, als es vierzehn Tage lang unentwegt regnete …

Claus Nadler

126

*Fast sechs Mal
so viel Regen wie
gewöhnlich fiel
1954 in Chemnitz.
In der Schadestraße
stand das Wasser
1,50 Meter hoch*

*Zum Tag der Sachsen am 1. Septemberwochenende
1995 kam das Wasser noch einmal
zurück und überspülte in Zaßnitz bei
Rochlitz die Insel
zwischen Mulde und
Mühlgraben*

1955

Pressefest – immer einmalig

CHRONIK

Der Oberste Sowjet beendet den Kriegszustand mit Deutschland

∎

Italien und Deutschland vereinbaren die Beschäftigung von 80 000 bis 100 000 Arbeitskräften in der BRD

∎

Der Warschauer Pakt wird am 14. Mai geschaffen

∎

Die Oper „Unter den Linden" in Berlin wird wiedereröffnet

∎

In Pobershau und Seiffen werden Sprungschanzen geweiht

∎

Oberwiesenthal hat seinen ersten Internationalen Pokalsprunglauf

∎

Mit 70 Jahren zieht sich der italienische Tenor Benjamino Gigli aus dem Musikleben zurück

1999 lebte eine Tradition der „Freien Presse" wieder auf, nach zehn-jähriger Unterbrechung gab es im Chemnitzer Küchwald wieder ein Pressefest. Und die Treue der Leser zu ihrer Heimatzeitung, die Verbundenheit mit ihr bewahrte sich auch im Zuspruch zu diesem Fest. Seit 1955 waren die Pressefeste in Chemnitz und Zwickau, seinerzeit noch der beiden selbstständig existierenden Zeitungen, „Freie Presse" hier und „Volksstimme" dort, die beliebtesten und meistbesuchten der großen Volksfeste weit und breit. Es gab Wochenenden, da zählte man in den beiden Pressefeststädten Zwickau und Chemnitz 300 000 und mehr Besucher. Vielleicht hat der Hang zum Monumentalen eine etwas ehrgeizige Zählweise beeinflusst, bis hinauf zu einer halben Million, aber wer die Pressefeste erlebte, weiß von den unendlichen Menschenströmen. Und eine einzige Mark in DDR-Währung reichte, um für alle Veranstaltungen Zutritt zu haben, an allen Tagen, zu allen Bühnen. Und eine weitere Hoffnung beflügelte den Kauf von Pressefestlosen für die große Tombola, manch einer hat Lose in großer Zahl gekauft, um sich die Illusion zu verschaffen, damals einen F 9 und später einen Trabi zu gewinnen.

Freilich, auch die Pressefeste gerieten immer mehr unter den Druck politischer Sicherheitsvorkehrungen. Denn die Mitwirkung beliebter Conferenciers und Komiker, später von Bands der Rockmusik, war insofern brisant, als man sich spöttisch hintergründige Kritik oder gar die expressive Stimmung ungebremster Rockkonzerte auf „Massenfesten" nicht leisten wollte. Kuriose Festlegungen der Parteiführung verwiesen die Rockkonzerte auf die späten Nachmittagsstunden, um in der Dunkelheit nicht die Kontrolle zu verlieren. Aber selbst am Nachmittag strömten die Fans zu Electra, Karat, Stern Meißen, Modern Soul. Cohrs trat in die Fettnäpfchen und O. F. Weidling eckte an. Cohrs etwa, Mitte der sechziger Jahre, es gab wiedermal ärgerliche Versorgungsprobleme, er kam auf die große Küchwaldbühne und stöhnte ins Mikrofon: „Eeene Hitze heite in der Sonne, de ganze Butter tät zerloofn, wenn mer welche hättn." Es dauerte nicht lange und es wurde strikt angeordnet, Witze über die „Versorgungslage der Bevölkerung" hätten auf Pressefesten zu unterbleiben.

Aber die Namen der Unterhaltungskunst, die in Erinnerung bleiben und zu einem großen Teil auch wieder in die Szene gekommen sind, sie bürgen für Qualität, und sie sind alle bei den Pressefesten dabeigewesen. Das Schlagerduo Hauff/Henkler konnte die Stimmung eines ganzen Abends alleine bestimmen, Ute Freudenberg, Veronika Fischer wie auch die früheren Schlagergrößen Bärbel Wachholz oder Fred Frohberg, sie alle haben ihre Spuren auf den Pressefesten hinterlassen. Viele von ihnen sind wieder dabeigewesen beim Neustart 1999, Hauff/Henkler, der elegante Chemnitzer Moderator Eberhard Rohrscheidt, die beliebt gebliebenen Bands. Man war sich einig. Ein solches Fest braucht die Stadt.

Reinhold Lindner

128

Nach zehnjähriger
Unterbrechung
wurde 1999 im
Chemnitzer Küch-
wald die Presse-
festtradition fort-
gesetzt

Aus der Feder
von Günter
Würdemann, der
jahrelang mit
seinem Zeichen-
block die Presse-
feste begleitete.
Der Trabi war ein
Hauptgewinn

1956

Ein neuer „Fisch" war geboren

CHRONIK

Sensationelle Rede
Chruschtschows auf
dem XX. KPdSU-
Parteitag über
Verbrechen Stalins
∎
In Budapest bricht
nach Demonstratio-
nen und Massen-
kundgebungen ein
Aufstand aus
∎
Volkskammer der
DDR beschließt Auf-
bau der Nationalen
Volksarmee
∎
Beginn des offiziellen
Fernsehprogramms
in der DDR
∎
Bundestag beschließt
Einführung einer
Verkehrssünderkartei
∎
In der Karl-Marx-
Städter Kantstraße
beginnt die
Großblockbauweise
im Wohnungsbau
∎
Im Fürstentum Mo-
naco findet die Hoch-
zeit des Jahres zwi-
schen Fürst Rainer III.
und dem amerikani-
schen Filmstar Grace
Kelly statt

Zu den Männern der ersten Stunde aus Klingenthal und Mühlleithen – Herbert Leonhardt, Herbert Friedel, Gerhard Glaß, Herbert Müller, Erich Röder und einigen anderen – stieß 1951 Harry Glaß hinzu, der schon sehr früh mit dem Springen begonnen hatte und 1954 erstmals DDR-Meister geworden war.

Zwei Jahre später wurde er bei Olympia in Cortina d'Ampezzo zur Siegerehrung im Spezialspringen gerufen: Bronzemedaille! Die erste olympische Medaille für die DDR, die erste für einen deutschen nordischen Skisportler. Damit hatte er Sport-Geschichte geschrieben.

Zwischen der WM 1954 und Olympia 1956 erhielt das Skispringen in der DDR einen entscheidenden Impuls. Die vom damaligen Nationaltrainer Hans Renner entwickelten Kunststoff-Matten wurden zum Sommerschnee der Skispringer. Das erste offizielle Mattenspringen fand am 21. November 1954 in Oberhof statt. Wenig später vollzog Harry Glaß einen Stilwechsel. Im Ergebnis dessen lagen die bislang im Sprung vorgehaltenen Arme – den damals dominierenden Finnen gleich – nach hinten geführt am Körper.

Vom 5. bis 21. Januar 1955 war Sepp Weiler aus Oberstdorf – obwohl selbst noch aktiv – Gasttrainer in Mühlleithen an der Vogtlandschanze. Der Coach riet Harry, nach dem veränderten Absprung die Arme hinten zu behalten und sie erst – wenn noch nötig – zum Aufsprung nach vorne zu nehmen. Nach wenigen Trainingstagen war ein neuer „Fisch" geboren: Harry Glaß.

Seine Olympia-Qualifikation hatte der „Cherry" als die „gesamtdeutsche" Nummer 1 der Springer geschafft. Die Weihe der Olympiaschanze in Cortina fand am 8. Januar 1956 statt. Harry: „So eine Schanze hatte ich noch nicht gesehen." Er gewann das Weihespringen und erhielt dafür die „Trofeo Campari". Am Tag zuvor war er 86 Meter weit gesprungen, so weit wie später bei Olympia keiner! 20 Jahre nach Kurt Körner (1936 Zwölfter) wieder ein Klingenthaler Springer Olympiateilnehmer.

Wer das Geschehen seinerzeit miterlebte, wird es nicht vergessen haben. Einer der wenigen Fernsehgeräte stand in der Jugendherberge auf dem Aschberg. Aber schon auf halber Strecke auf dem Weg dorthin kamen mir Leute entgegen, die dasselbe wollten. „Kehr um, alles schon voll in der Herberge."

In seiner Zeit hat Harry Glaß Tausenden von Zuschauern an den Schanzen Europas die vollkommene Eleganz des Skispringens erlebbar gemacht. Im Sommer 1957 baute er am Klingenthaler Mittelberg ein Haus. Fotos zeigen, wie er und seine Clubkameraden Enno Röder, Langläufer Helmut Weidlich und Manfred Paul mit Hacke und Schaufel den Baugrund „in Eigenleistung" aushoben. 1964 heiratete Harry. Seine Frau Dagmar, gebürtige Berlinerin, praktiziert als Ärztin bis heute in Klingenthal. Am 13. Dezember 1997 verstarb Harry Glass. Seine beiden Söhne sind nie von einer Schanze gesprungen.

Joachim Glass

130

Während einer Trainingspause stellen sich zwei der erfolgreichsten Skispinger der DDR in den 50er Jahren dem Fotografen. Helmut Recknagel (links) und Harry Glaß

131

1957

Am Himmel über dem Vogtland

CHRONIK

In Leningrad läuft der erste atomgetriebene Eisbrecher der Welt vom Stapel

■

Die Franzosen geben das Saarland an die Bundesrepublik zurück

■

Die SPD schlägt den Austritt von DDR und Bundesrepublik aus den militärischen Blöcken vor

■

In der DDR wird die 45-Stunden-Woche eingeführt

■

In Karl-Marx-Stadt Uraufführung von „Die Tage der Commune", ein historischer Bilderbogen des Jahres 1871 von Bertolt Brecht

■

In Frankfurt wird das Callgirl Nitribitt, das mit vielen Prominenten Kontakt hatte, ermordet aufgefunden

Bei der Errichtung einer kleinen Sternwarte 1950 auf dem Turm der Pestalozzischule im vogtländischen Städtchen Rodewisch konnte man noch nicht vorhersehen, dass diese Einrichtung die Stadt und die Region international bekannt machen würde.

In den Anfangsjahren ihrer astronomischen Tätigkeit beobachteten die Lehrer und Schüler am Sternhimmel alles, was für sie neu war oder selten zu sehen ist. Sie erlernten den Umgang mit der fotografischen Technik, wie man nach Himmelskörpern sucht und sie auf ihrer Bahn verfolgen kann.

Am 4. Oktober 1957 begeisterte Sputnik 1 mit seinem Flug die Menschen auf allen Kontinenten. Die Rodewischer wollten das Mondbaby unbedingt sehen und bastelten aus einem Globus und einem Drahtring ein Modell seiner Flugbahn. In den Morgenstunden des 8. Oktober gelang ihnen die erste Beobachtung. Genau um 5 Uhr und 55 Minuten zog Sputnik 1 – wie sie es berechnet hatten – seine Bahn über den Nordhimmel nach Osten. Die Freude und Aufregung aller Anwesenden war groß. Die Zeitungen wurden informiert. Der Astronomische Rat in Moskau, dessen Wissenschaftler den Flug des Satelliten überwachten, erhielt ein Telegramm. Am 13. Oktober konnte erstmals die Bahnspur von der Trägerrakete des Sputnik 1 fotografiert werden..

Wenige Wochen später wurde die Schulsternwarte Rodewisch in das internationale Netz der Beobachtungsstationen eingegliedert und mit speziellen Fernrohren ausgestattet. Eine systematische Bahnvermessung der Satelliten begann. In drei Jahrzehnten konnten fast 100 000 Positionsbestimmungen durchgeführt werden. Zum fünfjährigen Jubiläum des Starts von Sputnik 1 bekamen die Rodewischer in einer Urkunde mitgeteilt, dass sie die ersten außerhalb der Sowjetunion waren, die eine Bahnvermessung von Sputnik 1 an den Astronomischen Rat in Moskau gemeldet hatten.

Zu besonderen Höhepunkten in der Satellitenbeobachtung gestalteten sich die Flüge bemannter Raumstationen, insbesondere die von Dr. Sigmund Jähn und Dr. Ulf Meerbold in den Jahren 1978 und 1982. Stammen doch die beiden ersten deutschen Raumfahrer aus dem Vogtland.

Der Turm der Pestalozzischule trägt noch heute die Kuppel der Schulsternwarte. Ihre Mitarbeiter und Schüler sind aber bereits im Jahre 1967 in eine neue Einrichtung auf eine Höhe am Rande der Stadt umgezogen. Im Jahre 1985 entstand neben der Sternwarte ein Planetarium. Die Vogtländer und ihre Gäste können in den Vorführungen den aktuellen Sternenhimmel betrachten, sich mit historischen und modernen Erkenntnissen der Astronomie vertraut machen sowie die faszinierenden Bilder ansehen, die Raumflugkörper von der Erde und den Körpern unseres Sonnensystems aufgenommen haben. Den Erdsatelliten werden die Rodewischer Lehrer und Schüler wohl immer treu bleiben, ihre Bahnen vermessen und neueste Ergebnisse der Forschung bekannt machen.

Dieter Ruhnow

132

Am 4. Oktober 1957
startete der erste
künstliche Erd-
satellit, Sputnik 1,
in eine Bahn um die
Erde

Ein modernes
System ermöglicht
in der Schulstern-
warte „Sigmund
Jähn" in Rodewisch
die eindrucksvolle
Großprojektion von
Videos, Astro-CD,
Computeranimation
sowie die Wieder-
gabe aktueller
Wettersatelliten-
Beobachtungen

1958

Der Schnitzer Emil Teubner

CHRONIK

In Kuba beginnt die
Rebellenarmee unter
Fidel Castro eine
Offensive auf die
Hauptstadt Havanna

■

Die führenden SED-
Politiker Fred Oelßner
und Karl Schirdewan
werden wegen ihrer
Forderung nach
Reformen und Libera-
lisierung aus dem
SED-Politbüro
ausgeschlossen

■

Armin Hary läuft
als erster Mensch
die 100 Meter
in 10,0 Sekunden

■

Erste sozialistische
Namens-
gebungen in vielen
Orten des Bezirkes
Karl-Marx-Stadt

■

Auf dem Höhepunkt
seiner Laufbahn wird
der amerikanische
Rock 'n' Roll-Star
Elvis Presley zur
Armee eingezogen

Wer Leuten aus aller Welt die Kunst des erzgebirgischen Weihnachtsberges vorführen will, der kann nach Brünlos fahren oder nach Mauersberg, ins Annaberger Erzgebirgsmuseum oder nach Schneeberg. Und hier nun, im Museum für bergmännische Volkskunst findet sich, neben anderen Exponaten, ein besonderes Stück erzgebirgischer Kunst-Welt, der Berg des Schnitzers Emil Teubner.

Schnitzen ist eine der alten Volkskünste des Erzgebirges, und zu den Traditionen der Weihnacht gehören die beweglichen Figurenberge. Teubner hat in beiden Bereichen ganz eigenständige, begabte Arbeiten geliefert, die noch heute unvergessen sind.

Geboren wurde Emil Teubner 1877 unterhalb des Auersberges in dem kleinen Dorf Steinbach. Acht Geschwister hatte er, und die Äcker hinter dem Haus reichten kaum für die hungrigen Mäuler. Auch der kleine Emil musste in der Landwirtschaft des Vaters mithelfen. Aber schon früh zeigte sich seine Lust am Zeichnen. Auch als er in Johanngeorgenstadt als Grubenjunge und Haspeldreher im Schacht „Wilder Mann" arbeitete, er zeichnete, und als er später als Metallarbeiter seine beiden Buben in Aue heranzog, da begann er auch zu schnitzen. Denn die Jungen wollten einen Weihnachtsberg, und so suchte der dreiunddreißigjährige Emil einen Schnitzer in Lößnitz auf, einer Hochburg der volkskünstlerischen Schnitzerei. Aber er ist sich nicht sicher, ob der andere seine Vorstellungen verwirklichen wird. Und da fiel ihm ein Spruch ein, den er auf einem Abreißkalender

gelesen hatte: Man kann viel, wenn man sich viel zutraut. Emil Teubner begann zu schnitzen. Freilich, seine Lebensverhältnisse führten auch dazu, dass er sich politisch engagierte, 1919 trat er der KPD bei. Und 1933 wurde er aus dem Museumsverein ausgeschlossen, einer seiner Söhne musste emigrieren. Aber das Werk des Volkskünstlers wuchs: Nicht nur die üblichen Traditionsfiguren wurden geschnitzt, Teubner wurde ein Holzplastiker, der Gestalten und Erlebnisse seiner Welt formte. 1957 wurde er Ehrensenator der Dresdner Kunstakademie, seine Arbeiten finden sich in vielen öffentlichen und privaten Sammlungen. 1958 starb er in seinem Häuschen am Brünlaßberg. Fast auf der Kuppe des Berges gelegen, gehörte es noch zur Stadt Aue, aber auch schon zum Wald. Hier hat er oft gesessen, seine Kinder nannten den Platz im Hochwald „sein Atelier", und hier entstanden wohl auch die Ideen zu seinen Schöpfungen, die aus der Feierabendbeschäftigung eine Kunstleistung wachsen ließen.

Dr. Klaus Walther

*Emil Teubners
Maxime:
„Man kann viel,
wenn man sich viel
zutraut",
hat ihn zu immer
neuen Meister-
leistungen inspiriert*

1959

Die Legende auf Rädern lebt

Wir schreiben das Jahr 1959. In den Fertigungshallen des Zwickauer Sachsenring-Werkes herrscht gedrückte Stimmung. Die aufwendige Produktion der Sachsenring-Limousine P 240 wird eingestellt. Der bisher hier gefertigte Lkw S 4000 in das Ernst-Grube-Werk nach Werdau verlagert. Mancher muss seinen liebgewordenen Arbeitsplatz verlassen und umsatteln.

Mit Regierungsbeschluss wird bei Sachsenring von nun ab nur noch der neue Kleinwagen Trabant P 50 gefertigt. Seit Beginn der Serien-Produktion am 10. Juli des Vorjahres haben bereits rund 21 800 der „Plastebomber" das Montageband verlassen. Viele Probleme sind täglich zu meistern. Langsam steigt die Produktion. Die Nachfrage ist riesengroß. Die Wartelisten werden immer länger. Es fehlt am Karosserieblech. Die Zwickauer Automobilbauer haben in mühevollen Versuchen eine Not zur Tugend gemacht. Der Trabi ist der erste Kleinwagen der Welt, dessen Außenhaut aus Duroplast besteht. Sie ist leicht, robust, unverwüstlich. Bis zu 16 Mann steigen der „rollenden Pappe" zum Test aufs Dach. Sie hüpfen und springen. Das Fahrwerk geht leicht in die Knie, das Dach hält. Solche Bilder machen in den Medien Furore. Es gibt nicht wenige, die das „Arme-Leute-Blech" belächeln. Experten jenseits der Elbe spötteln. Kritiker zerreißen die Plastkarrosse. Doch es gibt in jenen Tagen auch andere Meldungen. Diese zum Beispiel: Ein namhafter englischer Automobilkonzern erwirbt vom Sachsenring-Werk die Lizenz des neuen Verfahren. Aus welchen Gründen auch immer. So schlecht kann also die Erfindung der Zwickauer Automobilbauer doch nicht sein.

Dem legendären P 50, der 1958 die Trabi-Ära eröffnete, folgt acht Jahre später der weiterentwickelte P 601. In über 26 Jahren werden mehr als 2,8 Millionen Fahrzeuge dieser neuen Variante produziert. Insgesamt verlassen von Produktionsstart im Jahre 1958 bis zum Produktionsende im April 1991 exakt 3 096 099 Fahrzeuge das Zwickauer Automobilwerk.

Auf historischem Boden im Zwickauer Automobilmuseum „August Horch" in der Walther-Rathenau-Straße steht die gesamte Trabi-Ahnenreihe in Reih und Glied. Ein Fotowettbewerb, veranstaltet genau an dem Tag, als der erste „Winzling" vor 40 Jahren geboren wurde, macht deutlich, welch unbeschreibliches Glück es für jede Familie war, wenn nach jahrelangem Warten das neue Familienmitglied endlich vor der Türe stand.

Die „Legende auf Rädern" lebt weiter. Auf dem Georgenplatz in der traditionsreichen Automobilstadt hat man ihr sogar ein Denkmal gesetzt. Wer dafür noch eines Beweises bedarf, der sollte sich einmal unter die 10 000 Fans zum alljährlichen Trabi-Fest auf dem Zwickauer Flugplatz mischen. Eine immer größere Zahl huldigt dem DDR-Kultauto und begeistert dabei mit den unmöglichsten Kreationen aufgemotzter „Rennpappen" von Jahr zu Jahr auch immer mehr Zuschauer.

Günter Meier

136

*Der „Plaste-
bomber" machte
in der DDR
Karriere*

*15 Trabi-Fans
auf der „Plaste"
und doch keine
Delle*

137

1960

Die letzte Schicht

22. Februar 1960. Ein grauer nasskalter Morgen zieht herauf. Die Kumpel der Frühschicht auf Schacht 1 des Steinkohlenwerkes „Karl Marx" in Zwickau drängen sich am Förderkorb. Wenig später sind sie vor Ort. Pickhämmer rattern. Die Arbeit beginnt. Es ist ein Tag wie jeder andere...

In den Morgenstunden unterbrechen Radiosender ihr Programm. Eine Eilnachricht geht in den Äther: „Gegen 8.20 Uhr ereignete sich auf dem Karl-Marx-Werk eine Grubenexplosion. Unmittelbar danach wurde ein Brand in einem Querschlag der ersten Abteilung festgestellt. Trotz sofort eingeleiteter Brandbekämpfung breitete sich das Feuer aus. Zahlreiche Kumpel sind eingeschlossen. Rettungsmannschaften nahmen unverzüglich ihre Arbeit auf. Es wird alles getan, um die Eingeschlossenen zu retten."

In diesen Stunden ist das ganze Ausmaß des Grubenbrandes noch nicht abzusehen. Das Feuer dringt rasend schnell in Richtung des Blindschachtes 32 vor. Dieser jedoch bietet für die Rettung und Bergung der eingeschlossenen Bergleute die einzige Chance. Das Feuer hat bereits die Schachtsohle erfasst. Die Lage wird immer dramatischer, Rettungsmannschaften und freiwillige Feuerwehren drängen bei unsagbarer Hitze und beißendem Rauch die Flammen Meter um Meter zurück. Sofort nach Bekanntwerden der Katastrophe beginnt eine Regierungskommission ihre Arbeit. Weitere Rettungsmannschaften aus dem ganzen Land, auch Grubenwehren der Wismut, nehmen den Kampf gegen das Feuer auf. Ihr Kampf dauert Stunden. Den völlig erschöpften Männern der Rettungstrupps gelingt es schließlich, bis zu Mittag des nächsten Tages 51 Kumpel lebend zu bergen. Was die Truppe hinter dem brennenden Streckenabschnitt erwartet, ist erschütternd: Für 44 Kumpel kommt jede Hilfe zu spät.

Noch immer sind 79 Bergleute eingeschlossen. „So lange noch ein Funken Hoffnung ist, werden wir den Kampf um die Rettung der letzten Kumpels fortsetzen", erklärt Ministerpräsident Otto Grotewohl vor Ort.

Ein Wettlauf mit der Zeit beginnt. Die Chancen, noch Lebende zu bergen, werden von Stunde zu Stunde geringer. Schließlich ist es schmerzliche Gewissheit. Die Katastrophe fordert 123 Tote. Es war ihre letzte Schicht. Am Sonnabend, dem 27. Februar, sind die Fahnen in der ganzen Republik auf Halbmast gesetzt. Im minutenlangen schweigenden Gedenken ehren die Bürger des Landes die toten Bergleute. Am Mittag des gleichen Tages findet auf dem damaligen Zwickauer Stalinplatz im Beisein von Otto Grotewohl der Trauerakt des Staates statt. Tausende Zwickauer Bürger und Delegationen aus vielen Orten der Republik entbieten den Opfern des Grubenunglücks ihren letzten Gruß.

Ein Gedenkstein auf dem Zwickauer Hauptfriedhof erinnert an die schreckliche Katastrophe. Am Tag des Unglücks legen hier alljährlich Bürger der Stadt Kränze nieder.

Günter Meier

Zehntausende Bürger von Zwickau und Umgebung nahmen am 27. Februar 1960 Abschied von den Opfern der Grubenkatastrophe

139

1961

Chemnitz mit neuer City

CHRONIK

Mauerbau
am 13. August
in Berlin
■
In der DDR werden
Stalindenkmäler
entfernt und Stalin-
Straßen umbenannt
■
Bundesregierung
beschließt
Verlängerung des
Wehrdienstes
von 12 auf 18 Monate
■
Erstmals wird
von der UEFA der
Europapokal
der Pokalsieger
vergeben
■
Das „Heimateck
Waschleithe"
empfängt erste
Besucher
■
Juri Gagarin
ist der erste Mensch
im Weltraum

Noch am Beginn des 19. Jahrhunderts prägten mittelalterliche Bauten und Strukturen die Chemnitzer Innenstadt. Mit der Industriellen Revolution wuchs und wucherte die Stadt, ihr Zentrum war bald durchzogen von belebten Passagen, Handelshäusern und großstädtischer Architektur. In der Blütezeit der Chemnitzer Industrie, den 20er Jahren, hatte die damals fast 400 000 Einwohner zählende Stadt den Charakter einer aufstrebenden Metropole und als Textilstadt Weltruhm.

Die Bomben des Zweiten Weltkriegs machten aus der Chemnitzer Mitte ein großes Ruinenfeld; über 85 Prozent der Innenstadt wurden binnen Stunden zerstört. Den wenigen erhaltenen Gebäuden, wie den beiden Rathausbauten und der Jakobikirche oder den Kaufhäusern Schocken und Tietz, fehlte jeder städtebauliche Kontext.

Über den Wiederaufbau der gespenstisch leeren Stadt war man nach dem Krieg durchaus nicht einer Meinung. Berühmt geworden sind die Debatten zwischen „Ringkämpfern" und „Kreuzrittern". Während die ersten ihrer Planung den historischen Stadtgrundriss zu Grunde legten, plädierten die zweiten für eine neu angelegte zentrale Schnittstelle großzügiger Verkehrsachsen.

Vielversprechend begonnen hatte es mit den Gewölbebauten an der Moritzstraße und der kleinteiligen Häuserzeile entlang der Inneren Klosterstraße. 1953 beschloss der Ministerrat der DDR die Umbenennung der Stadt in Karl-Marx-Stadt, und bald darauf waren die Richtlinien des sozialistischen Städtebaus auch hier der Maßstab für alle Neubau-

projekte. Walter Ulbricht machte die Architektur zur Chefsache und gab für Karl-Marx-Stadt die Devise aus: „Machen Sie das Zentrum hell und licht, damit die Menschen noch viele Jahre später sagen können: Sie haben gut gebaut".

Mit dem Generalbebauungsplan von 1960 wurden die Weichen gestellt für einen neuen Stadtgrundriss, der nur an wenigen Stellen die alten Straßenzüge aufnahm. Die kammartig angelegten Wohnhäuser mit Geschäftsanbauten der frühen 60er Jahre am Rosenhof und an der Straße der Nationen halten internationalen Vergleichen stand und stehen heute zurecht unter Denkmalschutz. Ab 1961 entstand ein neuer zentraler Platz zwischen Brückenstraße und Neuem Rathaus. Mit dem Haus der Staatsorgane schloss man 1971 den insgesamt zu groß geratenen Platz, als dessen markante Mitte ab 1974 das Hotel Kongress und die Stadthalle fungierten.

Erst 1998 begann die Umgestaltung des vormaligen Karl-Marx-Platzes. Mittelpunkt der Planungen ist heute die 11 000 Quadratmeter umfassende „Galerie Roter Turm", ein um Kinos und Gastronomie ergänztes innerstädtisches Kaufhaus. Ob die neue Chemnitzer Innenstadt ein zeitgemäßes und anspruchsvolles Gesicht erhalten wird und ob die Menschen die neue City als das Zentrum ihrer Stadt annehmen werden, wird sich erst im Laufe von Jahren zeigen.

Tilo Richter

*Der Chemnitzer
Stadtkern 1999 –
ein Zentrum im
Rohbau. Dem Rat-
haus gegenüber
entsteht der Kauf-
hauskomplex
„Galerie
Roter Turm"*

141

1962

Vater der sächsischen Ornithologie

CHRONIK

Sowjetunion droht den USA mit einem Krieg bei Vorgehen gegen Kuba

■

Durch einen 32 Meter langen Tunnel unter der Mauer gelingt 12 DDR-Bürgern die Flucht nach Westberlin

■

Völlig daneben geht der erste Auftritt der Beatles in einem Londoner Plattenstudio

■

Erstaufführung von Brechts „Leben des Galilei" in Karl-Marx-Stadt

■

Die Wochenzeitung „Blick" erscheint

■

Lauter erhält das Stadtrecht

■

USA-Oberst Glenn schafft die erste erfolgreiche Erdumkreisung

Als in diesem Jahr die Akademie der Wissenschaften der DDR ihre höchste Auszeichnung für Laienforscher, die Leibnitz-Medaille, an den Kaufmann Richard Heyder in Oederan verlieh, wussten seine Mitbürger längst, wer da in ihrer Mitte lebte.

Zehn Jahre zuvor war ja in der Akademischen Verlagsanstalt Geest & Portig K.G. in Leipzig ein Buch erschienen, das sozusagen das Lebenswerk des Oederaner Ornithologen darstellte, „Die Vögel des Landes Sachsen. Ihr Vorkommen und ihre Verbreitung faunistisch und tiergeographisch dargestellt". Schon ein Jahr zuvor hatte ihm die Universität Leipzig den Doktor h.c. verliehen, 1952 wurde er Ehrenbürger von Oederan.

Der Kaufmann, der in der Oederaner Badgasse 8 in seinem Geschäft hinter dem Ladentisch stand und seit 1913 dort Butter und Bier, wie Wollsachen und Seide verkaufte, er hatte ein zweites Leben, das er der Wissenschaft widmete.

Am 17. Dezember 1884 in Rochlitz geboren, erlernte er zunächst das Schlosserhandwerk und betrieb nach seiner Heirat 1911 das Gemischtwarengeschäft seines Schwiegervaters. Aber an den Abenden, an den Wochenenden betrieb er ein anderes Geschäft: Mit seinem Freund Rudolf Zimmermann war er der Leidenschaft der Vogelbeobachtung verfallen. Und Heyder verfolgte sein Hobby mit wissenschaftlicher Akribie. Als ihm 1907 der Ornithologe Bernhard Hantzsch schrieb, dass er die Bearbeitung der sächsischen Vogelkunde aufgegeben habe, fand Richard Heyder sein Lebensthema. Schon 1916 erschien eine erste

„Ornis saxonia", aber erst mit Hilfe seiner Freunde aus dem Verein sächsischer Ornithologen, der 1922 gegründet wurde, kam das Unternehmen so recht in Schwung. Rund 1168 Aufsätze und Arbeiten, die sich mit der Ornis saxonia beschäftigten, mussten durchgearbeitet werden. Dazu kamen die vielen Beobachtungsmitteilungen der Freunde und Kollegen und natürlich vor allem auch die eigenen Beobachtungen, die zu Bausteinen des dicken Manuskriptes von gut 460 Seiten wurden, das dann 1952 als ein Hauptwerk erschien.

Der Band, in grünes Leinen gebunden, heute schon eine Rarität der ornithologischen Literatur, war und ist das Standartwerk der sächsischen Ornithologie. Geschrieben hat es kein akademisch ausgebildeter Biologe, sondern ein Laie, freilich ein Enthusiast, wie sie immer wieder einmal die Wissenschaften beleben und herausfordern.

Am 19. Juli 1984 starb Richard Heyder, fast hundertjährig. Bis in sein hohes Alter forschte und publizierte er. In seiner Geburtsstadt Rochlitz und in Oederan, wo er ein Leben lang wirkte, wurden Straßen nach ihm benannt, nach dem Vater der sächsischen Ornithologie .

Dr. Klaus Walther

*Richard Heyder, Ehren-
bürger von Oederan*

*Materialwaren, Landes-
produkte, Schnittwaren,
Bier, Branntwein und
Fleischwaren verkaufte
Richard Heyder in diesem
Geschäft in Oederan
von 1911 bis 1953*

143

1963

Die Erfindung aus Limbach

CHRONIK

In Dallas wird
am 22. November
John F. Kennedy
erschossen
∎

Ein schweres
Erdbeben
zerstört
die jugoslawische
Stadt Skopje
(1800 Todesopfer)
∎

USA führen
nach deutschem
Vorbild Postleitzahl-
system ein
∎

Das ZDF nimmt den
Sendebetrieb auf
∎

Die Bundesliga
wird gegründet
∎

Einrichtung der
Arbeiter- und Bauern-
Inspektion in der DDR
∎

In Werdau/Crimmit-
schau finden die
ersten Weberfest-
spiele statt
∎

Die erste Flieger-
kosmonautin
Valentina Teresch-
kowa besucht
Karl-Marx-Stadt

Bei aller strengen Abgrenzung gegen den Westen, die mit dem Mauerbau auf die Spitze getrieben wurde: Auf einmal war es Anlass zu offiziellem Stolz, wenn Universitäten wie Göttingen oder dänische Unternehmervereinigungen einen sächsischen Ingenieur zu Vorträgen einluden. Und als 1963 gar aus den USA ein Lizenzantrag gestellt wurde, gerieten die Agitkommissionen ins Schwärmen. Mit dieser Erfindung war Staat zu machen.

Heinrich Mauersberger und Limbach-Oberfrohna, es waren keine sensationellen Begriffe, der Vorname nicht und der Nachname nicht weniger. Und Limbach? Nun ja, in den Textilbranchen zählte der Ortsbegriff durchaus etwas.

Heinrich Mauersberger, der Textilingenieur aus Limbach, hatte eher aus der Not eine Tugend machen wollen und in seiner Garage ein anfangs abenteuerliches Gerät zusammengebastelt. Aber das funktionierte: Locker übereinander geschichtete Faserlagen wurden mit der Geschwindigkeit der Nähmaschine zur textilen Fläche verstochen. Das aufwendige und verhältnismäßig langsame Weben hatte einen rasenden Konkurrenten bekommen. Zwar war der Stoff nicht so fein und vollendet, aber das Verfahren war zukunftsträchtig und vor allem: Es konnte aus der Not helfen.

Malimo war erfunden, von Mauersbergers Namen ging die erste Silbe in das Wort ein, von Limbach die zweite, und das mo kam von dem Textilbegriff Molton. Es war ganz einfach, dem Ingenieur war eines Abends in der unmittelbaren Nachkriegszeit das Wiebeln aufgefallen, mit dem seine Frau durchgewetzte Hosenböden wieder verdichtete. Dass sich die Chance eröffnete, rascher und schneller und wohl auch billiger Stoffe herzustellen, war das eine. Dass sich der Anlass bot, die DDR-Wirtschaft mit einer technologischen Weltneuheit zu präsentieren, das war das andere, das propagandistische. Denn Walter Ulbricht verstieg sich gegen Ende der sechziger Jahre gar zu der seltsam unlogischen Losung „Überholen ohne einzuholen", um den Sturm auf die Weltspitze der Technik und Technologie zu entfachen.

Der zurückhaltende Ingenieur aus Limbach-Oberfrohna kam zudem als Bündnispartner sehr gelegen, er war und blieb parteilos und ein Aushängeschild guten Einvernehmens der Partei mit bürgerlichen Intellektuellen. Mit sehr heißer Nadel wurde an diesem Prozess gestrickt, und der Export sowohl der inzwischen entwickelten Maschinen aus dem eigens umstrukturierten Betrieb VEB Malimo Karl-Marx-Stadt, als auch der Malimo-Erzeugnisse bis zu den Lizenzen brachte dringlich benötigte Devisen. Und auf dem Binnenmarkt war nichts heilig, was nicht aus Malimo angeboten werden konnte, Handtücher und Waschlappen wie Kleider- und Anzugsstoffe. Damit war die Erfindung freilich überfordert und fragwürdig geworden. Heinrich Mauersberger zog weit weg in die märkische Heide, er starb still und zurückgezogen im Jahre 1982. Ein Kapitel für sich.

Reinhold Lindner

144

Heinrich Mauers-berger machte mit seiner Malimo-Erfindung aus der Not eine Tugend

1964

Dorf versinkt im Wasser

Unter Wasser liegt heute, was einst den Ort Pöhl im Vogtland ausmachte. Zwischen 1958 und 1961 wurde das Dorf für den Bau einer Talsperre liquidiert. Am 2. Oktober 1964 erfolgten Anstau und Einweihung. 430 Bewohner mussten aus den 148 Haushalten ausziehen.

Nach 35 Jahren erinnern nur noch der Name der Talsperre sowie der Name des Gemeindeverbandes Pöhl der rund um das Wasser und Jocketa liegenden Dörfer an die Ortschaft.

Zur Regulierung der Trieb, die im Frühjahr Hochwasser brachte und im Sommer in Trockenheit versiegten, wurde die Talsperre errichtet. Sie sollte Erholungsgebiet, Brauchwasserspeicher, Stromerzeuger werden und dem Hochwasserschutz dienen. Ein wesentlicher Zweck war und ist auch die Wasserstandsregulierung der Weißen Elster, die ab Greiz die Industrieanlagen mit dem Nass versorgt. Die Bauleute errichteten Anfang der 60er Jahre eine 57 Meter hohe und 312 Meter lange Betonmauer, die dann rund 70 Millionen Kubikmeter Wasser standhalten sollte und bis heute standhielt.

Der Rauminhalt des Bauwerkes wird mit 160 000 Kubikmeter angegeben. Da in dem engen Tal der Trieb der Bau eines Kraft- und Schieberhauses nebeneinander nicht möglich war, wurden sie in den einer Sprungschanze ähnlichen Überlauf der Staumauer eingebaut. Mit der Turbine von 10 000 Pferdestärken werden im Jahr durchschnittlich drei Gigawattstunden Strom erzeugt.

In die waldreiche Landschaft eingepasst, erstreckt sich die Wasserfläche auf sieben Kilometer Länge und zwei Kilometer Breite. Zwei Vorsperren in Thoßfell und Neuensalz sorgen für den Wasserlauf der Trieb. Die Talsperre Pöhl ist aus der Erholungslandschaft nicht mehr wegzudenken. Aus dem gesamten Regierungsbezirk Chemnitz, aus der Leipziger und Geraer Gegend kommen die Dauercamper. Insgesamt stehen 300 Parzellen für Touristen und 700 für Dauercamper zur Verfügung.

An Spitzenwochenenden kommen bis zu 50 000 Menschen ans Wasser, wobei es besonders die Plauener an den Stadtrand zieht.

Vor 35 Jahren hätte noch niemand gedacht, welch eine Bedeutung und welch ein Anziehungspunkt der Stausee einmal haben werde. Die noch lebenden „Ureinwohner" des ehemaligen Dörfchens trauern in diesen Jahren ihrem früheren Ort in keiner Weise mehr nach. Geschichte ist Geschichte. Und die wird aber in der Chronik der Großgemeinde Pöhl ganz akkurat aufgeschrieben und für die Nachwelt dokumentiert.

Es bleiben die Erinnerungen, wie im Tal die Häuser abgerissen, der Wald gerodet und die Staumauer gebaut wurden. Die Pöhler freuen sich, dass „über ihren Dächern" jetzt die beiden Passagierschiffe „Pöhl" und „Plauen" mit vielen Gästen an Bord ihre Runden durch das Wasser ziehen, Segler ihren Sport betreiben und Badelustige ihrem Hobby am Vogtländischen Meer frönen.

Roland Wöllner

146

Ideale Wander-
wege, Bade- und
Sportmöglichkeiten
lassen den Pöhler
Stausee gerade
in den Sommermo-
naten zu einem der
beliebtesten Aus-
flugs- und Touri-
stenziele werden

Die Erfinderin des
Minirocks, Mary
Quant, mit dem
„Order of the british
empire", den sie im
Londoner Bucking-
ham-Palast bekom-
men hat. Ende der
50er und in den
60er Jahren sorgten
Minis für Furore

147

1965

„Ruß-Chamtz" wird achthundert

Was er nicht wissen konnte ... Die Häuser waren festgeleimt und mit der großen Modellplatte verschraubt, die kleinen Pavillons längs der damaligen Wilhelm-Pieck-Straße ebenso sicher verklebt an ihren Standorten.

So erlebte Walter Ulbricht an jenem Junitag des Jahres 1965 eine kleine Enttäuschung, als er vor dem großen Modell der Innenstadt von Karl-Marx-Stadt stand und seine architektonischen Eingriffe in das Stadtbild nicht recht gelingen wollten. „Was ist mit diesen kleinen Häuschen dort an der Straße?" fragte er ein wenig missmutig und stocherte mit dem Zeigestab an ihnen herum. Sie ruckten nicht von der Stelle. So wurden sie gebaut, und die Leute freuten sich beim Gang durch die Innenstadt noch lange an den Imbisslokalen.

Der erste Mann der DDR war nach Karl-Marx-Stadt aus großem Anlaß gekommen: Die Stadt an der Chemnitz feierte ihren 800. Geburtstag. Schon 1961 war Ulbricht in der Industriemetropole gewesen. Damals ging es um die Innenstadt-Entwicklung. Der Sachse Ulbricht hatte kurzentschlossen am Zentrums-Modell rund um Brückenstraße und Straße der Nationen Häuserblocks herausgenommen und, die Holzklötze wie Bausteine in der Hand haltend, doziert: „Licht und Luft und Sonne müsst ihr in die Stadt lassen. Die Mietskasernen müssen vergessen sein. Baut so, dass die Menschen noch in 30 Jahren sagen: Ihr habt gut gebaut." Nun, da er vier Jahre später wieder da war, hatten Städteplaner die Modellhäuser eben sicherheitshalber festgeleimt...

Die Marginalie ändert nichts daran, dass die 800-Jahr-Feier ein großes Fest war. Hunderttausende waren Mitte Juni 1965 dabei – mit Stolz auf ihr „Ruß-Chamtz", das immer so anders war als die großen Nachbarmetropolen mit ihren Attributen wie „Elbflorenz" und „Messestadt".

Die Leute hier zitierten gern das stolz-missmutige Wort, dass in Dresden der Reichtum verprasst und in Leipzig das verkauft würde, was zuvor in Chemnitz in harter Arbeit geschaffen worden war.

Arbeitsam ging es hier schon immer zu, seit 1165 Chemnitz als königlicher Fernhandelsmarkt und Reichsstadt gegründet worden war. Handwerker errichteten die erste Landesbleiche für die Leineweber und für den Bergbau die erste Saigerhütte. Hier wirkte als Arzt und Bürgermeister Georgius Agricola, hier lebte der Beethoven-Lehrer Christian Gottlob Neefe, hier standen Deutschlands Machinenbau-Zentrum und Lokomotiven-Schmiede. Eine Elite-Hochschule sorgte für anerkannten ingenieur-technischen Nachwuchs. In Chemnitz rauchten Schlote von über 5000 Fabriken aller Größe.

Im Februar und März 1945 war fast alles vorbei: An zwei Tagen zerbombten Engländer und Amerikaner nahezu drei Viertel der Stadt. Eine englische Zeitung mutmaßte: „Das sächsische Manchester ist tot." Trümmerfrauen, Arbeiter, Ingenieure haben sie Lügen gestraft...

Ulrich Krause

148

Spiel und Tanz
begleiteten
den Festumzug der
Karl-Marx-Städter,
in dem die
800jährige wechsel-
volle Geschichte
von Chemnitz
lebendig wurde

Ereignis bei der
Deutschen Reichs-
bahn:
Jungfernfahrt auf
der elektrifizierten
Strecke von Frei-
berg nach Chemnitz
am 24. September

1966

Das waren wunderbare Zeiten

CHRONIK

In Ghana übernimmt
die Armee in Abwe-
senheit von Präsident
Kwame Nrkumah
durch einen Staats-
streich die Macht

■

Wegen eines
Schlachtverbotes
für heilige Kühe
kommt es in Indien
zu blutigen Auseinan-
dersetzungen

■

Der Schweizer Kanton
Zürich stimmt gegen
das Frauenwahlrecht

■

UdSSR-Weltraum-
sonde „Venus 3"
erreicht als erster
irdischer Flugkörper
die Venus

■

120 Sängerinnen
und Sänger gründen
die Karl-Marx-Städter
Singakademie

■

Die niederländische
Kronprinzessin
Beatrix heiratet
den deutschen
Diplomaten
Claus von Amsberg

„Es war der erste internationale Titel für den SC Karl-Marx-Stadt." Noch immer spricht etwas Stolz aus diesem Satz. Christine Spielberg kann stolz sein. Denn sie holte 1966 nicht nur Europa-meisterschafts-Gold in Budapest, sondern begrün-dete auch eine Chemnitzer Tradition im Diskus-wurf, die Lars Riedel 1997 mit seinem vierten WM-Gold und Ilke Wyludda mit dem Olympiasieg 1996 in Atlanta fortsetzten.

Auf 57,76 Meter schleuderte die heute 56-Jährige Christine Spielberg damals die Scheibe im vierten Versuch, das brachte ihr den Sieg vor Lie-sel Westermann aus Leverkusen und der Hallen-serin Anita Hentschel. Es war ein spannender Wettkampf im NEP-Stadion, der zuletzt fast noch einen dramatischen Höhepunkt erlebt hätte. Denn im sechsten und letzten Versuch der gebürtigen Niederlungwitzerin segelte der Diskus weit, lag prima in der Luft und landete plötzlich am Ober-arm eines verdutzten Kampfrichters. „Einerseits war ich froh, dass nichts passiert ist. Andererseits hätten das vielleicht schon 60 Meter sein können", erinnert sich Christine Spielberg an diesen Zwi-schenfall an der Stätte ihres größten Triumphes.

Bis 1972, als sie von den DTSB-Funktionären – obwohl als Zehnte der Weltbestenliste qualifiziert – wegen einer Schwester im Westen um ihre zweite Olympiateilnahme gebracht wurde, startete Christine Spielberg für den TSC Berlin.

Ihre großen sportlichen Erfolge feierte sie je-doch unter der Flagge des am 2. Februar 1963 gegründeten SC Karl-Marx-Stadt. „Ja, das waren wunderbare Zeiten. Von der Spitze bis hin zu den Freizeitsportlern haben wir zusammen trainiert, wo es ging. Der Zusammenhalt und die Gemeinschaft war damals einfach besser", schwärmt die Euro-pameisterin noch heute. Der Schützling von Trai-ner Franz Anger selbst lieferte das beste Beispiel für sportliche Vielseitigkeit und das in qualitativ hohem Maße. Denn die gelernte Stenotypistin, die sich später zur Buchhalterin weiterqualifizierte, trieb als Diskuswerferin und Handballerin prak-tisch ein doppeltes Spiel. Bei Dynamo Karl-Marx-Stadt spielte sie in der Oberliga, damals die höch-ste Klasse in der DDR. „Der Handball hat mir viel geholfen, bei der Schnelligkeit und im Reaktions-vermögen. Aber bei den heutigen beruflichen Be-lastungen der Athleten ist ein derartiger Tanz auf zwei Hochzeiten wohl kaum noch vorstellbar."

Bei all den Meriten, die Christine Spielberg in ihrer aktiven Zeit sammelte, war sie doch kein Zögling der Kinder- und Jugendsportschulen. Auch wenn es etwas unwahrscheinlich klingt, dort wurde sie bei der Aufnahmeprüfung als „sportlich nicht geeignet" aussortiert.

Fragt man Christine Spielberg heute, was sie in neun Jahren Leistungssport gern anders gemacht hätte, antwortet sie: „Ich hätte vieles einfach cooler angehen müssen, nicht so verbissen." Eine Maxi-me, die sie heute beherzigt.

Thomas Treptow

Christine Spielberg begründete mit ihren Europa- und Weltrekorden in den 60er Jahren in Chemnitz eine Tra-dition im Diskus-werfen

Gepaart mit einer guten Technik und Schnelligkeit konnte Christine Spielberg den Diskus schon immer gut in den Wind legen

151

1967

Erler, Vogel, Feister ...

CHRONIK

USA, UdSSR und Großbritannien unterzeichnen Vertrag über friedliche Nutzung des Weltraums und gegenseitige Hilfe bei Weltraumunfällen

∎

Prof. Christiaan Barnard führt in Kapstadt die erste gelungene Herzverpflanzung durch

∎

Im Pariser Exil stirbt der Mörder von Rasputin, der ehemalige russische Fürst Felix Felixowitsch Jussopow

∎

Stalintochter Swetlana Allilujewa flieht in die Schweiz

∎

In der DDR tritt die Fünftagewoche in Kraft

∎

Indira Gandhi wird als Premierminister Indiens vereidigt

Abpfiff. Schluss, aus. Überglücklich fallen sich die Spieler des FC Karl-Marx-Stadt im Rostocker Ostseestadion in die Arme. Durch ein Tor von Manfred Lienemann nach 19 Minuten haben sie Gastgeber Hansa 1:0 geschlagen – und sind damit vorzeitig „Deutscher Meister der DDR". Es ist der 7. Mai 1967, ein Sonntag. Noch ahnen die Fußballhelden nicht, was sie am nächsten Morgen nach zwölf Stunden Zugfahrt erwarten wird.

Der damalige Rechtsaußen Eberhard Schuster erinnert sich noch genau an die Rückreise. „Wir hatten uns ein Schlafwagenabteil reservieren lassen, doch das brauchten wir gar nicht, weil gefeiert wurde", erzählt der heute 58-jährige. Der Wunsch nach einer durchgängig feuchtfröhlichen Nacht wurde den Sachsen aber nicht erfüllt. „Irgendwann hat die Mitropa des Zuges dichtgemacht. Das war natürlich traurig", schmunzelt Schuster.

Kurz vor 8 Uhr am Morgen des 8. Mai rollten die frischgebackenen Titelträger in den Hauptbahnhof ein. Was sie dort sahen, übertraf die Vorstellungskraft jedes einzelnen. „Diese Massen auf dem Bahnsteig hatten wir nicht für möglich gehalten. Wir wurden sofort aus dem Zug gezerrt. Die Fans haben uns die Taschen weggerissen und uns auf Schultern ins gegenüberliegende Carola-Hotel getragen. Dabei ging irgendwann die große Scheibe am Eingang kaputt. Etwa 5 000 Leute waren am Bahnhof", hat Schuster die Bilder noch vor sich. Die gewonnene Meisterschaft galt als Überraschung, denn der FCK zählte in jener Saison nicht zu den Top-Favoriten. Die hießen eher Lok Leipzig, Carl Zeiss Jena oder Vorwärts Berlin. Spätestens am siebten Spieltag, als durch einen 2:0-Erfolg in Leipzig die Tabellenspitze übernommen wurde, merkte die verschworene FCK-Truppe um Trainer Horst Scherbaum jedoch: Hier ist was drin! Auch die Fans witterten Morgenluft. Ihr legendärer Schlachtruf „Erler, Vogel, Feister – der FCK wird Meister" machte immer öfter die Runde.

In den Wochen nach dem Triumph durften sich die FCK-Fußballer wie Helden fühlen. Und sie hatten „Beziehungen": „Wenn man sich zum Beispiel ein besonderes Schlafzimmer kaufen wollte, hat man es über den Rat des Bezirkes bekommen", lächelt Fritz Feister, Libero der damaligen Meisterelf. Nicht zuletzt erfreute der Triumph auch die VEB-Chefs – deutliche Produktionssteigerungen wurden vermeldet. Jeder wollte den Titelträgern auf seinem Gebiet nacheifern.

Spätestens mit dem Ausscheiden gegen Anderlecht in der ersten Runde des Europapokals legte sich die Euphorie. Für die FCK-Torschützen in den beiden Partien wurde es nach dem Schluss-Pfiff aber noch mal richtig spannend: Profiverträge der Belgier lockten. „Rolf Steinmann und ich haben uns abends in einer Kneipe mit jemandem aus dem Vorstand von Anderlecht getroffen. Ich hatte aber gerade geheiratet. Abhauen stand nicht zur Debatte", erzählt Eberhard Schuster, der diese Entscheidung bis heute nicht bereut hat.

Mario Schmidt

Nachdem die Spieler des Fußballklubs Karl-Marx-Stadt 1967 vorzeitig „Deutscher Meister der DDR" wurden, kannte der Jubel auf dem Hauptbahnhof bei der Ankunft der Mannschaft aus Rostock (1:0-Sieg) keine Grenzen

153

1968

Heißer Sommer nach dem Frühling

Wolfgang Knorr, Jahrgang 1945, erinnert sich noch genau an jenen Sommer 1968, als er – statt den schon genehmigten Urlaub anzutreten – sich plötzlich in einem Feldlager und beinahe in einem „Ernstfall" wiederfand. Dem „Prager Frühling", dem Versuch, einen demokratischen „Sozialismus mit menschlichem Antlitz" aufzubauen, folgte ein heißer Sommer.

Wolfgang Knorr war damals Unterleutnant und Zugführer eines Panzerzugs im Marienberger Mot-Schützen-Regiment. Er hatte den Urlaubsschein schon in der Tasche, als in der Kaserne Alarm ausgelöst wurde. Wenig später standen die Fahrzeuge aufmunitioniert und abfahrbereit. Den Soldaten wurde jede Verbindung zur Außenwelt untersagt und das gesamte Regiment in den Bereitstellungsraum nach Gelobtland, später in ein Übungsgelände bei Weißwasser verlegt – zusammen mit der 7. Panzerdivision, zu der das Marienberger Regiment gehörte. „Anfangs wussten wir gar nicht, was passiert war", beschreibt Wolfgang Knorr die Ungewissheit. Es gab lediglich dürftige Informationen aus dem DDR-Rundfunk über „konterrevolutionäre Umtriebe" in der ČSSR. Während durch das heimatliche Erzgebirge sowjetische Panzer rollten und sich das Bereitschaftssystem im Übungsgelände bereits wieder lockerte, überraschte die Soldaten ein neuerlicher Alarm: Es war der 21. August. „Man gab bekannt, daß die sowjetische Armee in die ČSSR einmarschiert ist", rekapituliert Wolfgang Knorr, „und von uns wurde als Reserve der Frontgruppe Prag gesprochen."

Das Regiment, aus dem Verband der NVA gelöst, unterstand nun direkt dem Warschauer Pakt. Dass es doch nicht zu einem Einmarsch der NVA ins Nachbarland kam, schreibt Knorr der Zeit zu: Der Zweite Weltkrieg war noch nicht lange Geschichte, und eine erneute deutsche Besatzung wollten die Führer des Warschauer Pakts der ČSSR nicht zumuten. So waren denn auch seines Wissens keine NVA-Militärs mit in Prag. Es habe in der Armee und unter den Bürgern allerdings auch kaum Kritik am sowjetischen Einmarsch gegeben, was Wolfgang Knorr zum einen der Uninformiertheit, zum anderen der noch nicht so großen Unzufriedenheit unter der Bevölkerung zuschreibt. „Man hatte ja den Eindruck, in der DDR bewegt sich was", sagt er und schätzt dennoch bitter ein: „Wir sind alle verklapst worden." Genauso plötzlich, wie der Spuk für die Soldaten begonnen hatte, endete er auch Mitte Oktober, als sie wieder nach Marienberg verlegt wurden. Dort zeugten noch jahrelang Panzerspuren von den Wunden, die der sowjetische Einmarsch der Demokratie-Bewegung in den Ländern Osteuropas geschlagen hatte. Erst viel später konnten die damaligen Soldaten erfahren, dass die Warschauer Vertragsstaaten mit insgesamt 27 vornehmlich sowjetischen Divisionen – 400 000 Mann stark – in die ČSSR einmarschiert waren und dass die Invasoren 90 Menschen getötet und rund 800 verletzt hatten.

Mathias Zwarg

CHRONIK

Albanien gibt formellen Austritt aus dem Warschauer Pakt bekannt

■

Bei einem Flugzeugunglück stirbt Juri Gagarin

■

DDR untersagt westdeutschen Ministern und Beamten Durchreise

■

Das vogtländische Bauernmuseum entsteht in einem schönen Egerländerhaus

■

In Halsbrücke wird der Bergbau eingestellt

■

US-Bürgerrechtler Martin Luther King fällt einem Attentat zum Opfer

*Das Ende des
Prager Frühlings:
Truppen
des Warschauer
Vertrages
besetzen die ČSSR*

1969

Das Siegen lernen

CHRONIK

Schwerer Grenz-
zwischenfall zwischen
chinesischen und
sowjetischen Truppen
am Ussuri

∎

Der ČSSR-Student
Jan Palach verbrennt
sich auf dem Prager
Wenzelsplatz aus
Protest gegen die
sowjetische Besat-
zungsmacht

∎

Erste erfolgreiche
Herzverpflanzung
in der Bundesrepublik

∎

Bei den Leicht-
athletik-EM in Athen
erringt die DDR
die meisten Medaillen
vor der UdSSR

∎

Im RAW „7. Oktober"
Zwickau beginnt die
Serienproduktion von
Containern

∎

Der Amerikaner
Neil Armstrong
betritt als erster
Mensch den Mond

Von der Sowjetunion lernen, heißt siegen lernen! Ob Gaby Seyfert darauf vor 40 Jahren ihr Pionier-rehrenwort gab, weiß sie heute nicht mehr. Wenn ja, wurde sie alsbald wortbrüchig. Glücklicher-weise, logischerweise sogar, denn in der großen „Sowjetunion" gab's damals gar keine Frau, nach der sich die spätere Doppelweltmeisterin im Eis-kunstlaufen (1969/70) hätte richten können ...

Punktum, die Seyfert holte sich woanders die Vorbilder und kibitzte, was das Zeug hielt, bekann-termaßen gemeinsam mit ihrer energischen Trai-ner-Mutter Jutta Müller. Donald Jackson (Kanada) und Sjoukje Dijkstra (Niederlande) hießen die Stars.

„Klauen und Bauen" nannte das die Gaby damals. Dass sollte heißen: Sie mußte das Mach-bare ja nicht ein zweites Mal erfinden. Nur Drauf-packen, das wollte sie schon, weswegen das Mutter-Tochter-Gespann viel Sinnliches einbrachte in die sowieso schon athletischen Vorstellungen und Gaby letztlich auch als erste Frau der Welt 1968 bei den Europameisterschaften im schwedi-schen Västeras mit einem dreifachen Rittberger überraschte.

Nach Olympiasilber 1968 gab's Gold im Quar-tett bei EM und WM in den beiden folgenden Jahren, womit klar war, dass sich das legitime „Klauen" und das kreative „Bauen" sehr wohl ge-lohnt hatten. Dass sich das Wortspiel Klauen und Bauen auch mit der laxen Vokabel Grauen vervoll-ständigen läßt, sei nur am Rande erwähnt. Denn ein Zuckerschlecken war das anstrengende Trai-ning bei Frau Mutter bekanntlich nie. Immerhin: „Ich bereue keine Minute", versichert Gaby Sey-fert. Das hat sie immer so gesagt und stets dabei gelächelt. Lächeln! Das gehört zum Programm. Zumal im Kunstlauf. Gewiss auch eine Facette, die ihr letztlich solche Attribute verpasste wie „Eis-prinzessin", „Große Dame des Eiskunstlaufs", „Kunstlaufgenie".

Gaby war plötzlich Vorbild geworden. Initial-zündung für einen Eiskunstlaufzulauf, wie es ihn gerade im Jahr 1969 nirgendwo auf der Welt noch einmal so gab. Talentesichtung im Eisstadion, und Hunderte Steppkes kamen. Wenn Gaby und ihre Mutter heute daran denken, kriegen die beiden den Schluckauf. „Wahnsinn!", gesteht Gaby. Und ge-nau aus dieser Schar heraus wuchsen später wei-tere Olympiasieger, Welt- und Europameister, die zusammengenommen mehr als 50 Medaillen bei internationalen Meisterschaften gewannen.

Und Mutter Jutta bedauert: „Talentesichtung heute? Da ist kaum ein Dutzend auf dem Eis."

Und dann stellt Gaby eine Armada Puppen in Reih' und Glied. Puppenbühne sozusagen. Große und kleine Figuren, nur wenige sind aus dem We-sten. Die meisten hat sie einst mitgebracht aus Kiew, Leningrad, Moskau. Kleine Geschenke da-mals für „Nascha Gaby" – Unsere Gaby. „Süß!"

Von der Sowjetunion lernen ...

„So ein Theater", grinst die inzwischen 50-Jährige und baut die Puppenbühne wieder ab.

„Schluß jetzt."

Jürgen Tetzner

Eislaufprominenz unter sich: Doppelolympiasiegerin Katarina Witt, Doppelweltmeisterin Gaby Seyfert und Olympiasiegerin Anett Rauschenbach-Pötzsch (von links) während einer Trainingspause für eine Revue zum 70. Geburtstag ihrer Trainerin Jutta Müller 1998

Die wohl bekannteste DDR-Rockgruppe „Puhdys" gab 1969 in Freiberg ihr erstes Konzert

157

1970

Zwei Monate in einem Jahr

CHRONIK

Der von bisher
46 Staaten unter-
zeichnete Atom-
waffensperrvertrag
tritt in Kraft
∎
Willy Brandts Kniefall
am Mahnmal für die
Opfer des National-
sozialismus im
Warschauer Ghetto
∎
Bundestag beschließt
Herabsetzung des
aktiven Wahlalters
auf 18 Jahre
∎
Gesamtdeutsches
Treffen zwischen
Bundeskanzler Brandt
und DDR-Ministerprä-
sident Stoph in Erfurt
am 19. März
∎
Sonja Morgenstern
gelingt als erster
Läuferin der DDR
der dreifache
Salchow rückwärts
∎
Der Schriftsteller
Remarque
(„Im Westen nichts
Neues") stirbt
72-jährig in Locarno

Was bleibt uns in Erinnerung von fernen Jahren? Urlaub, ein erfreuliches, ein unerfreuliches Ereignis. Lassen wir den Zufall walten, sagen wir 1970.

Was ist mir da in Erinnerung? Nichts, aber beim Nachdenken weiß ich plötzlich, in den ersten Märztagen kam später, reichlicher Schnee. Er fiel in einer Nacht, als wir von der Frühjahrsmesse in Leipzig zurückkehrten. Sieben Stunden Fahrzeit mit etlichen Aufenthalten, das ist unvergesslich. Mein Kollege W. stürmte mit anderen die Bahnhofsgaststätte Geithain. Alles wurde gekauft: Schnaps, Bier, Wein. Weltuntergangsstimmung, mein Freund W. beinahe eine Schnapsleiche in Karl-Marx-Stadt. Für seine gestrenge Gattin ließ er sich eine Bescheinigung ausstellen, dass der Zug wegen Schnee Verspätung hatte.

Und erinnerlich ist mir auch dieses historische Ereignis, als sich Willy Brandt in Erfurt aus dem Fenster des Hotels „Erfurter Hof" lehnte. Man soll sich also gelegentlich aus dem Fenster lehnen. Bei mir wurde es aktenkundig, wie man sehen kann.

Und sonst? Da bleibt nur der Blick in langsam vergilbende Blätter. Das Jahr beginnt mit der Jahresansprache des Genossen Walter Ulbricht: „Wir gehen mit Selbstvertrauen und Tatkraft in die siebziger Jahre". Für die Kraft zur Tat wurden die Gemüsepreise gemeldet: Blumenkohl A St. 3,50, Rosenkohl A kg 2,40, Kohlrabi A II St. 0,50. Der VEB Rohrkombinat wollte gern einen rumänischen Kleintransporter gegen irgend einen anderen Lastwagen tauschen. Hatte man Zweifel am Produkt des Bruderlandes?

Ach ja, Schneefälle gab es auch schon im Januar, und trotzdem kämpfte man nach der Losung „Schöner unsere Städte und Gemeinden – mach mit". Nicht zu vergessen: Ab 6. Januar war Buchungsbeginn für Auslandsreisen im Reisebüro der DDR. Da musste man sich schon früh anstellen. Ein Leninjahr drohte: Das Bilderkabinett inserierte ein Angebot von Leninbildern. Und Walter Ulbricht dankte schön für die Jahresglückwünsche, die man zum Glück nicht abdruckte. Und immer noch Schnee. Wenn man das so liest, und man denkt an heutige Winter, die sind auch nicht mehr das, was der Schnee von gestern war. Und ganz ohne Bündnis 90/Die Grünen im Land, Spitzenzeiten für den Verbrauch von Elektroenergie von 6.30/8.30 und 16.30/20.30 Uhr.

„Mit der Perex ist das Waschen ein Fest", was für Feste wir damals hatten. Und ein wirkliches Fest: Eterna kündigte die größte Beethoven-Edition auf 80 Langspielplatten an. Im Fernsehen sahen wir „Wallenstein" mit Petra Hinze und Peter Reusse, im Kino „Schussfahrt nach San Remo". Der Konsum teilte mit „Bei uns ist schon Frühling".

Dann versank am 6. März das Land im Schnee, und es ging alles seinen sozialistischen Gang. Die Genossen der Staatssicherheit feierten sich selbst in einer Festveranstaltung und boten uns „zuverlässigen Schutz gegen den Feind". So also begann ein Jahr, das Jahr 1970.

Dr. Klaus Walther

Bezirksverwaltung für   Karl-Marx-Stadt, 15. Mai 1970
Staatssicherheit Karl-Marx-Stadt   Hey/P
Abteilung XX/7

I n f o r m a t i o n

▬▬▬▬▬▬▬▬▬,   freischaffender Schriftsteller
des Deutschen Schriftstellerverbandes des Bezirkes Karl-
Marx-Stadt und Außenlektor des Mitteldeutschen Verlages
Halle

Inoffiziell wurde bekannt:
Im Zusammenhang mit dem Treffen der beiden Regierungschefs
Willi Stoph und Willi Brandt in Erfurt brachte W. zum Ausdruck, daß ca. 500 - 1000 Bürger der DDR dafür demonstriert
haben, wie man zur Bundesrepublik Deutschland stehe. Man
habe dort offen Sympathie bekundet und Brandt als einen "wahren
Vertreter" des deutschen Volkes gefeiert. Die Hochrufe wären
dafür ein beredtes Beispiel.

Die in den Nachmittagsstunden des gleichen Tages organisierten Sprechchöre gegen Brandt seien undiplomatisch gewesen und haben die "plumpe" Politik der DDR widergespie-
gelt. Im Westfernsehen habe man deutlich gezeigt, wie diese
"organisierten" Sprechchöre von Zetteln ablesend ihre Parolen
"hinausgeschrien" haben.

▬▬▬▬▬ schätzte ein, daß von seitens der DDR alles versucht
worden wäre und versucht wird, diese Treffen zu untergraben
bzw. nicht stattfinden zu lassen.

*Winterszene 1970
im Osterzgebirge*

*Akribisch belauscht
und notiert –
aus einer Akte der
Stasi*

1971

Warum den Kopf kürzen?

CHRONIK

Drei UdSSR-Kosmonauten werden nach der Landung in ihrem Raumschiff tot aufgefunden

■

USA beginnen mit der Vernichtung von bakteriologischen Kampfstoffen

■

Der Vatikan lehnt es ab, den Bann gegen Martin Luther aufzuheben

■

Erich Honecker wird nach dem Rücktritt von Walter Ulbricht neuer Erster Sekretär der SED

■

Die Schmalspurstrecke Grünstädtel–Oberrittersgrün wird stillgelegt

■

Fertigstellung der Autobahn Leipzig–Dresden

■

Schauspielerin und Theaterleiterin Helene Weigel stirbt 70-jährig in Berlin

An diesem Tag, am 9. Oktober 1971, schien für die DDR-Führung alles wie im Märchen zu sein. Die Sonne strahlte über ganz Karl-Marx-Stadt. Die Stimmung war bestens. Alles vorbereitet bis auf das I-Tüpfelchen. 250 000 Menschen auf der Karl-Marx-Allee. Das Spektakel konnte beginnen: Die Einweihung des vom sowjetischen Bildhauer Lew Kerbel geschaffenen Karl-Marx-Monuments. Viele Jahre hatte der Leninpreisträger daran gearbeitet, der Stadt ein monumentales Denkmal als Abbild des Sozialismus zu schaffen. Der gigantische, zehn Meter hohe und 40 bis 50 Tonnen schwere Kopf des Denkers sollte im Zentrum von Karl-Marx-Stadt Vorbild und Ansporn sein. Erich Honecker selbst war es, der eigens aus der Hauptstadt Berlin anreiste und die Enthüllung vornahm. „Sie machen sich ja gar keinen Begriff davon, was hinter den Kulissen los war", erinnert sich ein Zeitzeuge, der damalige Karl-Marx-Städter Kulturchef Siegfried Arlt, „da brannte förmlich die Luft. Höchste Alarmstufe sozusagen". Wer ein blaues Bändchen unterm Revers trug, der kam bis zur Treppe, wer ein gelbes hatte, noch ein Stück weiter – alles ganz genau abgezirkelt und eingeteilt."

Dabei war das gewaltigste Stück Arbeit bereits getan: das Zusammensetzen der rund 100 Einzelteile mit Stahlbolzen auf eine Stahlkonstruktion, die auf das vier Meter hohe Postament gehievt wurde. Monate zuvor war das zehn Meter hohe Werk in der Leningrader Kunstgießerei Monument Skulptura gegossen und danach in Einzelteile zerlegt worden. Allerdings – beim Zusammen-schweißen in Karl-Marx-Stadt begannen die Probleme. Denn die Technik der sowjetischen Genossen war in dieser Beziehung nicht ganz auf der Höhe der Zeit. Aber dem Klassenfreund beizustehen, war damals kein Problem. Der VEB Germania musste helfen. Hauptschweißingenieur Josef Nikl bekam von seinem Betrieb, wie das damals so üblich war, von heute auf morgen den Hut aufgestülpt: Mach mal. Und Nikl machte. Überlegte zuerst, wie man den Koloß schweißt, ohne dass dann mal irgendwann die Nähte platzten. Er entschied sich für das moderne WIG Schutzgasschweißen. Die besten Schweißer mussten ran. Es flutschte, und in drei Wochen war das Ding vergessen. Nur einmal, Jahre später, sollte Nikl in der Nacht daran erinnert werden. Da holten ihn drei Herren zu „Charly", weil sie angeblich haarfeine Risse entdeckten. Aber das Ganze stellte sich als Sehfehler heraus – seitdem war Ruhe. Ein Abriss des Denkmals, wie es kurz nach der Wende heftig diskutiert wurde, käme für ihn nicht in Frage. „Ich meine, die Denkmäler von Kaiser Wilhelm und Barbarossa stehen ja auch noch, und die waren nicht nur Wohltäter. Warum sollte man dann einen Philosophen, dessen Lehre in vielem richtig war, einen Kopf kürzen?".

Evelin Rößler

Die Einweihung des Karl-Marx-Denkmals am 9. Oktober 1971 gestaltete sich zu einem riesigen Spektakel

161

1972

Durch Zufall die Katastrophe überlebt

Am 30. Oktober 1972 ereignete sich auf der Strecke zwischen Zwickau und Leipzig unweit von Crimmitschau ein schweres Eisenbahnunglück. Es steht für das Schicksal, das jeden treffen kann, und für den Zufall, der Menschen überleben lässt. Zu letzteren gehörte ich als 19jährige Studentin.

Im September 1972 hatte ich ein Studium in Leipzig begonnen. Nach dem Wochenende bei den Eltern in Aue gab es an jenem Montag morgen 6.05 Uhr grünes Licht für den D-Zug Richtung Leipzig/Berlin. Ich stieg mit Freundinnen in den zweiten Wagen ein. In Zwickau wurden noch vier Waggons vorn angehängt, was uns automatisch in Wagen 6 zurückversetzte. Eine halbe Stunde später rettete uns dieser Umstand das Leben.

Es war kurz vor 7.30 Uhr, als ein kreischendes scharfes Bremsen jede Unterhaltung abrupt enden ließ. Gepäckstücke rutschten aus den Netzen, einige Reisende fielen ihrem Gegenüber in die Arme. Sekunden später donnerte etwas auf das Dach des Waggons. Jemand rief, die Oberleitung sei gerissen. Ein Mann sprang aus dem Wagen und lief in Richtung Lok. Wie ein Lauffeuer kam die Nachricht, dass Schreckliches passiert sei, dass unser D-Zug mit dem Karola-Express Leipzig–Karlovy Vary zusammengestoßen war.

Im Grunde hatten wir den Zusammenprall gar nicht richtig bemerkt. Später kam dann die Aufforderung zum Aussteigen, und erst da begriffen die meisten, wie nahe an diesem Morgen der Tod war. Denn der Fußweg zur nahegelegenen Bahnstation Schweinsburg-Culten führte an jener Stelle vorbei, an der sich die Trümmer der Loks durch den Aufprall meterhoch zusammengeschoben hatten. Beide Lokführer waren vermutlich sofort tot. Von den ersten drei Wagen war nicht mehr viel zu erkennen. Einsatzkräfte waren dabei, Menschen aus den Trümmern zu zerren. Die Feuerwehr bahnte sich mit Schneidewerkzeugen den Weg durch das Schlachtfeld. Immer wieder drangen Schreie durch den Morgennebel. Keiner von uns konnte lange den Blick auf den Unglücksort richten.

Die Energie des Zusammenpralls hatte sich so rasch entladen, daß der Unfall in Wagen 6 nur wie eine Notbremsung wahrgenommen wurde. Die Reisenden in den letzten Abteilen hatten sich überhaupt nicht erklären können, wieso der Zug plötzlich auf freier Strecke hielt. Das ganze Ausmaß des Unglücks stand am nächsten Tag in den Zeitungen: 24 Menschen waren ums Leben gekommen, 70 erlitten Verletzungen.

Die elektrifizierte Strecke Altenburg–Werdau war seinerzeit eingleisig. Züge konnten sich also nur auf Bahnhöfen begegnen. Der D-Zug aus Aue und der Karlex aus Leipzig sollten sich auf dem Bahnhof Schweinsburg-Culten kreuzen. Der Zug aus Aue hätte hier die Durchfahrt des Karola-Express abwarten müssen. Doch weil sich dieser noch auf der Strecke befand, wurde dem Karlex-Triebwagenführer an der Ausfahrt ein „Halt" signalisiert. Das musste er im Nebel übersehen haben.

Gabi Thieme

Nahe Crimmitschau stieß am 30. Oktober 1972 der D-Zug Leipzig–Berlin mit dem Karola-Express Leipzig–Karlovy Vary zusammen. 24 Menschenleben und 70 Verletzte waren zu beklagen. Offensichtlich wurde ein Haltesignal übersehen

163

1973

Spur der Neubau-Steine

CHRONIK

Militärputsch in Chile, Salvador Allende ermordet
∎
Offizielle Waffenruhe in Vietnam lässt die Welt aufatmen
∎
Willy Brandt als erster Bundeskanzler zu Staatsbesuch in Israel
∎
DDR lehnt Wiedergutmachungszahlungen an Israel in jeder Form ab
∎
Bundestag verabschiedet Grundlagenvertrag mit der DDR
∎
BRD und DDR werden in die Vereinten Nationen aufgenommen
∎
Hitlers Paradewagen wird in den USA für 500 000 DM versteigert
∎
Schauspieler Marlon Brando lehnt aus Protest gegen die Behandlung der Indianer einen „Oscar" ab

Am Vortag des 1. Mai 1973 wurde in Zwickau-Planitz feierlich der Grundstein für das bisher größte Wohnungsbauunternehmen in der Muldestadt gelegt. Neben 8 500 Wohnungen entstanden in Neuplanitz innerhalb der nächsten sieben Jahre drei Kaufhallen, vier Schulen, mehrere Kindergärten und Kinderhorte sowie eine Poliklinik.

In den gleichen Tagen begannen im damaligen Karl-Marx-Stadt am Helbersdorfer Hang sowie in Kappel die Erschließungsarbeiten für jene Wohngebäude, die den faktischen Baubeginn des Fritz-Heckert-Wohngebietes markieren. Die offizielle Grundsteinlegung für das absolut größte Neubaugebiet im Erzgebirge und Vogtland, das in seiner Glanzzeit rund 90 000 Menschen Heimat war, erfolgte allerdings erst reichlich ein Jahr später zum 25. DDR-Jubiläum. Und ebenfalls in den letzten Apriltagen des Jahres 1973 erhielten in Plauen 660 Familien die Schlüssel für eine neue Wohnung im Baugebiet westlich der Bahnhofstraße. Weitere 600 Wohnungen wurden hier im Jahr darauf fertiggestellt.

Die Aufzählung könnte beliebig fortgesetzt werden. In jenen Tagen und Wochen kam so recht ins Rollen, was etwa zwei Jahre zuvor als Wohnungsbauprogramm, deklariert worden war.

Nicht zufällig also, dass gleichfalls im Jahr 1973 in der DDR zum ersten Male der Tag der Bauarbeiter festlich begangen wurde. Alljährlich wurden fortan die Bauschaffenden mit Ehrungen bedacht, wie sie zuvor nur den Bergleuten unmittelbar nach Kriegsende wegen ihrer Schlüsselrolle bei der In-gangsetzung der Wirtschaft widerfuhren. Vielerorts im jetzigen Regierungsbezirk hinterließen sie ihre Spur der Steine. Hier nur eine kleine Auswahl. In Chemnitz entstanden das Fritz-Heckert-Gebiet sowie das York- und das Beimlergebiet, in Zwickau Neuplanitz und Eckersbach, in Plauen der Chrieschwitzer Hang, in Freiberg das Wohngebiet „Am Wasserturm" und, und, und… Alles in allem konnten zwischen 1973 und 1989 im damaligen Bezirk Karl-Marx-Stadt fast 350.000 Mal Einzugsfeste in neuerbaute Wohnungen gefeiert werden. Die überwiegende Mehrzahl der Wohnungen entstanden jedoch am Rande der Städte auf der grünen Wiese. Nicht wenige Leute vom Bau, Architekten insbesondere, mahnten die Einheit von Neubau und Werterhaltung an. Sie fanden kaum Gehör. So uferten die Satellitenstädte aus, während sich die Innenstädte immer mehr entvölkerten, ganze Straßenzüge zu Ruinen verfielen.

Inzwischen fliehen immer mehr Bewohner aus den „Schnarchvierteln" aufs Land oder in rekonstruierte Altstadtgebiete. Neuplanitz beispielsweise, das schon fast 25 000 Einwohner zählte, beherbergt nur noch 17 600 Zwickauer. Anderswo sieht es mitunter noch ungünstiger aus. So wäre jetzt mit Blick auf die neueren Wohngebiete zu appellieren: Bewahrt was frühere und heutige Generationen geschaffen haben.

Gunther Wendekamm

1973 wurde zum ersten Mal in der DDR der Tag der Bauarbeiter begangen. In diesem Jahr und den folgenden wurden in zahlreichen Städten Grundsteine für große Wohnungsbaugebiete gelegt

1974

Mit „Sommergäste" begann es

CHRONIK

Militärputsch in Portugal beendet eine über 40 Jahre währende Diktatur
■
Ständige Vertretungen in Bonn und Ost-Berlin eröffnet
■
Autokennzeichen „DDR" tritt an Stelle von „D"
■
Die bundesdeutsche Nationalmannschaft wird am 7. Juli vor heimischen Publikum zum zweiten Mal Fußballweltmeister
■
Für 4 000 Bergleute des Steinkohlenwerkes „Martin Hoop" in Zwickau werden neue Arbeitsplätze organisiert
■
Schriftsteller und Regimekritiker Alexander Solschenizyn wird in Moskau verhaftet und ausgewiesen

„Ohne Zweifel, es war das größte, was wir in unserem Haus zustande gebracht haben", beschreibt Stadthallen-Chef Roland Haase heute das Gastspiel der Schaubühne aus Westberlin. Es sprengte alle Theaterdimensionen. Starregisseur Peter Stein brachte „Sommergäste" von Maxim Gorki auf die Bühne und plante einen aufwendigen Besuch in der DDR. Nur die Stadthalle in Karl-Marx-Stadt entsprach seinen Vorstellungen. Stein ließ 350 junge Birken fällen, Lastwagen voller Walderde heranfahren, um den Gorki-Klassiker mit Otto Sander, Peter Fitz und Ilse Ritter effektvoll in Szene zu setzen. Diese Aufführung forderte das organisatorisches Geschick des Stadthallen-Personals wie keine zweite: Im Februar würde das Erdreich steinhart sein, also wurde es im Herbst schon gestochen und in einer Scheune eingelagert.

Die Eröffnung des neuen Musentempels am 4. Oktober 1974 bedeutete ein Großereignis. Hausherr Roland Haase übernahm seine Kulturstätte in Gummistiefeln. Trotz kleinerer Katastrophen denkt er gern an den ersten Abend zurück: „Der Trubel am Eröffnungstag, der reinste Ameisenhaufen. Meine Mitarbeiter waren enthusiastisch und hochmotiviert, aber im Veranstaltungsgeschäft gänzlich unerfahren. Die ersten Veranstaltungen haben wir heiß gefahren – keine Zeit zum Proben." „Rosen für Karl-Marx-Stadt" hieß die erste Show, mit der den Bauarbeitern Dankeschön gesagt wurde. Da regneten Hunderte von Stoffrosen auf das Publikum hinab. Beinahe hätte die Eröffnung des Hauses in diplomatischen Verwicklungen ge-

endet: Ein sowjetisches Tanzpaar hatte nicht mit der Gründlichkeit der Reinigungsbrigade, die den Boden polierte gerechnet, so dass die Primaballerina eine Sitzpirouette absolvierte.

Der Ansturm auf die Programme war vom ersten Tag an riesengroß, Karten oft Mangelware. Veranstaltungsleiter Reinhard Kühn wird wohl nie den „Adria-Rhythmus" mit Iviza Serfezi und Ljubka Dimitrovska vergessen. Restlos ausverkauft. Und 800 ungeduldige Rentner an der Kasse, die sich auf ermäßigte Karten freuten. Da ging dann eine große Glasscheibe zu Bruch. „Ein Mitarbeiter musste auf das Vordach klettern und die Senioren per Megaphondurchsage beruhigen", schmunzelt Kühn heute. Geschichten, Anekdoten, Erinnerungen – die Stadthalle lebt davon.

Alle waren sie hier: Sergiu Celibidache, das Mansudä-Ensemble aus Nordkorea, die Music Hall aus Leningrad, das japanische Volkskunst-Ensemble „Okinawa". Mikis Theodorakis begann hier eine Welttournee. Das Fernsehen der DDR war ständiger Gast.

Als in Karl-Marx-Stadt das Schauspielhaus brannte, fand die Truppe im Kleinen Saal ihr Interimsquartier und lieferte unvergessliche Inszenierungen. In 25 Jahren haben über 13 Millionen Zuschauer in circa 15 000 Veranstaltungen die Stadthalle besucht. Die Gäste halten ihrer Stadthalle die Treue.

Antje Flemming

166

Fritz Cremers
Plastik „... und sie
bewegt sich doch! ...
Galilei" hat ihren
Platz im Foyer der
Stadthalle gefunden

Mit „Rosen für
Karl-Marx-Stadt",
die vor allem den
Bauarbeitern
gewidmet waren,
begann 1974 das
Leben auf den
Bühnen der neu
erbauten
Karl-Marx-Städter
Stadthalle

167

1975

So klingt's im Musikwinkel

CHRONIK

Die chinesische Regierung wirft der Sowjetunion Machtpolitik im Stile Hitlers vor

∎

Italiens Verfassungsgerichtshof erlaubt Abtreibung bei Gefahr für die Mutter

∎

Sechs Terroristen des „Kommandos Holger Meinig" überfallen die deutsche Botschaft in Stockholm

∎

Das erste amerikanisch-sowjetische Kopplungsmanöver (Apollo – Sojus) im Weltraum

∎

CSU-Vorsitzender Franz Josef Strauß wird als erster deutscher Politiker von Mao Tse-tung empfangen

∎

Gerd Dietmar Klause aus Beerheide gewinnt den Wasalauf

Der Musikwinkel, eine alte und liebevoll gemeinte Umschreibung des oberen Vogtlands zwischen Klingenthal und Markneukirchen, sie durfte auf einmal nicht mehr geschrieben werden. Vogtländer mit neuem industriellen Selbstbewußtsein sahen im heimatlich geprägten Begriff einen einschränkenden Makel für den Kampf um weltmarktfähige Produktion. Aber das Prädikat ließ sich nicht ausrotten, und heute ist es auch wieder das, was es war: Musikwinkel eben, Zentrum des Instrumentenbaus, Vogtland ganz oben.

Die Zusammenführung der beiden renommierten Instrumentalwettbewerbe zu den Vogtländischen Musiktagen 1975 war zwar dem gleichen Zweck um größere internationale Geltung geschuldet, sie war freilich sinnvoll und auch für die Ausstrahlung der Wettbewerbe nicht schlecht. Die Kopplung mit den Vogtländischen Musiktagen und ihren Programmen hatte ziemlich großen Zuspruch. Heute wie damals verbindet sich das Wetteifern um die Preise mit den Kontakten zu den Werkstätten. Immer stehen die Türen offen, wenn junge Musikerinnen und Musiker und die Juroren mal hereinschauen und zusehen wollen oder fachsimpeln. Mit dem Instrumentenbau sind die Musikwettbewerbe im Vogtland verbunden wie nirgendwo sonst.

Aber sie haben sich wieder getrennt, der Akkordeonwettbewerb in Klingenthal und der Instrumentalwettbewerb im benachbarten Markneukirchen. Man weiß nicht, ob das nur Vorteile hatte, aber der Zuspruch ist ungebrochen groß und die Atmosphäre bleibt einmalig. Auch, wenn die Finanzierung solcher Musikerwettstreite problematisch geworden ist und Jahre der Besorgnis um ihren Fortbestand zu überstehen waren, sie sind wohl nicht wegzudenken. Selbst die Erfolglosen unter ihnen nehmen gute Erinnerungen an die Atmosphäre mit, die es nur hier gibt, im Musikwinkel eben, das intimere Fest der Musik, wo beinahe jeder jeden kennt, und wenn die Zeit der Wettbewerbe um ist, dann kennen sich sowieso alle, woher sie auch kommen. Und das ist nun wahrlich weltweit zu fassen, alle Kontinente sind vertreten. Lorbeeren hier, das ist ein guter Ausweis für die Karriere.

Aber nie war es die sterile Atmosphäre abgeschotteter Vorträge im stillen Kämmerlein, die Wettbewerbe hatten immer auch ihre Bewährungsproben für die einheimischen Musikanten, denn wo Instrumente gebaut werden, da ist tüchtiges Musizieren nicht weniger heimisch. Das Sinfonieorchester Markneukirchen ist eines der besten Laienorchester und wagt sich an ganz anspruchsvolle Werke heran, die beiden Blasorchester von Klingenthal und Markneukirchen wie das Migma-Handwerker-Blasorchester stehen in den Listen bester Musiziertradition ganz oben. Wenn aufgespielt wird im Vogtland, dann ist immer was zu erleben: So eben klingt's im Musikwinkel, nicht anders und nirgendwo anders.

Reinhold Lindner

Der Vogtländische
Instrumental-
wettbewerb fand
1975 zum 30. Mal
statt, erstmals in
der neuen Musik-
halle Markneu-
kirchen.
Im Abschlußkonzert
spielte die Preis-
trägerin Naoka Shi-
mizu (Japan) mit
der Vogtlandphil-
harmonie, Leitung
Stefan Fraas

Preise des Instru-
mentalwettbewerbes
Markneukirchen

1976

Star aus Schwarzenberg

CHRONIK

Auf dem XXV. Partei-
tag der KPdSU
wird die Distanz
verschiedener
„Bruderparteien"
zu Moskau deutlich
∎

Bundestag verab-
schiedet
Mitbestimmungsrecht
der Arbeitnehmer
∎

In Ostberlin wird
am 23. April der
„Palast der
Republik" eröffnet
∎

In der Bundesrepublik
wird das Gurttragen
für Autofahrer Pflicht
∎

In Karl-Marx-Stadt
kommen zum dritten
Mal in der DDR
Vierlinge zur Welt
∎

Schneeberg bekommt
erstes Planetarium
im Bezirk
Karl-Marx-Stadt
∎

Der Sänger
Wolf Biermann
wird aus der DDR
ausgebürgert

Eine Gedenktafel am Gebäude des ehemaligen Kugelhammers am Anfang der Schwarzenberger Obergasse, erinnert an eine der bedeutendsten Opernsängerinnen der Welt, an Elisabeth Rethberg. In diesem Haus kam sie am 22. September 1894 zur Welt. Musikalisch veranlagt, gab sie mit 17 Jahren ihr erstes Konzert in Schwarzenberg. Ihre Ausbildung als Pianistin und Sängerin erfolgte am Konservatorium in Dresden, dann bei Otto Wartin. Mit Richard Tauber, einem Mitschüler, sang die Künstlerin zu Konzerten und Liederabenden.

Einundzwanzigjährig wurde sie an die Dresdener Hofoper verpflichtet. Sie debütierte als Arena im „Zigeunerbaron" von Johann Strauß. Bald war Frau Rethberg Star der Bühne. Sie gab Gastspiele in Prag, Wien, bei den Salzburger Festspielen und in Skandinavien. Bei einer Amerikatournee wurde sie von der Metropolitan Opera in New York verpflichtet.

In den zwanzig Jahren der Zugehörigkeit zu diesem Haus trat die Sängerin vor allem mit lyrischen und dramatischen Rollen hervor. Höhepunkt ihrer Kunst blieb aber Aida, mit welcher sie in Dresden debütierte und mit der sie nach zwanzig Jahren ihre künstlerische Laufbahn abschloss. In Groves Wörterbuch heißt es: „Es gab keine bessere Aida in ihrer Generation." In der Musikliteratur wird ihre außerordentlich große stimmliche Spannweite gelobt, Vibrato, Kolleratur, das zarteste Piano, damit konnte Elisabeth Rethberg mühelos die größten Orchester übersingen.

1928 feierte sie unter Ernst Busch in Dresden in der „Ägyptischen Helena" von Richard Strauss einen ungewöhnlichen Erfolg. Diese Rolle sang sie auch erstmals in der Mailänder Scala. Sechs Jahre lang stand das Stück auf dem Spielplan und wurde über fünfzig Mal gegeben. Auf den großen Bühnen der Welt trat sie neben Benjamino Gigli, Lauritz Melchior, Kirsten Flagstad und Lawrence Tibbeii auf, um nur einige Namen zu nennen.

Elisabeth Rethberg war mit unzähligen Konzerten und Liederabenden auf Tourneen durch Amerika und Europa, die meistens mit stehenden Ovationen endeten. Die Schwarzenbergerin sang vor einem begeisterten Publikum im Weißen Haus in Washington und 1934, als Gruß an ihre alte Heimat, im Schwarzwassersaal in Schwarzenberg.

Im November 1928 wurde Elisabeth Rethberg mit der „Goldenen Medaille für die vollendetste Stimme der Welt" ausgezeichnet.

Elisabeth Rethberg, in zweiter Ehe glücklich verheiratet mit dem Sänger George Cehanovsky, starb mit 81 Jahren am 5. Juli 1976 in New York. In ihrer Geburtsstadt Schwarzenberg wurde eine Straße nach ihr benannt.

Manfred Blechschmidt

In den 20er Jahren war Elisabeth Rethberg besonders berühmt für ihre Rollen als Desdemona, Mimi, Butterfly, Pamina, Sieglinde, Elsa und Elisabeth

Theaterzettel zur großen Oper Aida, in der Elisabeth Rethberg als Aida stürmischen Beifall erhielt

171

1977

Gründung Clara Mosch

CHRONIK

In Prag wird die
Charta '77 veröffent-
licht, Mitunterzeich-
ner: Václav Havel

Nach 16jähriger Un-
terbrechung nehmen
die USA und Kuba
wieder diplomatische
Beziehungen auf

Die Spezialeinheit
GSG 9 befreit in
Mogadischu Geiseln
aus einer Lufthansa-
maschine.

Ein totaler Stromaus-
fall legt in New York
(10 Millionen Einwoh-
ner) die gesamte
Stadt für
24 Stunden lahm

Die DDR bestellt
10000 Volkswagen
vom Typ „Golf"

Nach einer Herz-
attacke stirbt
42-jährig Elvis Presley

Penck ist weg. Und Ranft bleibt da. Während der eine im August 1980 von Dresden an der Elbe ins Rheinland zieht und im Westen als gefragter Maler dann später das große Geld machen wird, ist der andere Künstler, Mitglied und Kopf der 1977 gegründeten Gruppe Clara Mosch, immer noch hier und geht im selben Jahr für ein paar Tage von Karl-Marx-Stadt nach Glauchau, um kleine Brötchen zu backen, zwei Monate nach der Ausreise Pencks. „Außerhalb des Backens trat der Ranft nicht besonders in Erscheinung", heißt es in einem „Beobachtungsbericht" des Staatssicherheitsdienstes. Worum es ging, erscheint heute banal: Aus Brotteig wurde Kunst geknetet – „Mehl-Art" nannte man damals die Aktion, heute würde man Happening sagen. Und so notierte die Stasi: „Durch die Beoabachtungsmaßnahme konnte erarbeitet werden, dass das Treffen der negativ und feindlichen Kunstschaffenden der DDR in Glauchau in der Zeit vom 4. 10. 1980 bis 6. 10. 1980 stattfand." Der „negativ Kunstschaffende" Thomas Ranft heute: „Solche Dinge, die außerhalb des Ateliers passierten, sind im Westen nicht wahrgenommen worden. DDR-Künstler, das waren aus bundesrepublikanischer Sicht die, die in ihren Zimmern hockten und schöne Bildchen malten."

1980, Penck ist weg, nur einer von vielen Künstlern, der ging, gegangen wurde. Pencks Freund Georg Baselitz, im Westen die Nummer eins auf der Malerweltrangliste, hatte bereits Ende der 50er Jahre die Seiten gewechselt und dann später alle zurückgebliebenen DDR-Künstler als „Arsch-

löcher" beschimpft. „Nein, das stimmt einfach nicht", widerspricht Ranft, der damit auch gemeint sein könnte, „dass alle, die gut waren, weggegangen sind, und nur das Mittelmaß hiergeblieben ist."

1982, Clara Mosch wird fünf, ihr letzter Geburtstag, die Stasi sorgt dafür, dass das Kind in den Brunnen fällt, die Gruppe löst sich auf, doch die fünf, von knapp 120 Spitzeln beobachteten Künstler Carlfriedrich Claus, Thomas Ranft, Dagmar Ranft-Schinke, Michael Morgner und Torsten Schade (Cla-Ra-Mo-Sch), sie bleiben präsent und im Lande. Der Dresdener Penck dagegen kann zehn Jahre später seine Rückkehr feiern mit einer Ausstellung in der Gemäldegalerie Neue Meister. Hat er einst also das oder die Weite gesucht und ist nun in der Enge des Marktes angekommen?

Für Baselitz zumindest treffe das zu, meint Thomas Ranft, als die Kunstsammlungen Chemnitz 1998 eine Werkauswahl zeigen. Ranfts Urteil: schnell dahingepinselte Bilder, nur noch gemalt, um sich zu verkaufen. „Sobald ein Künstler wie er ein paar hunderttausend Mark für ein einziges Bild bekommt, denkt er, er sei genial geworden, und strengt sich nicht mehr an."

Dort das große Geld, hier die kleinen Brötchen. Wer 1999 in Weimar die umstrittene Ausstellung „Aufstieg und Fall der Moderne" besuchte, dem fiel auf, dass der Platz, den die Schau für DDR-Avantgardisten wie Mosch & Co übrig hatte, nicht viel größer als eine Backstube war.

Ulrich Hammerschmidt

Künstlergruppe „Clara Mosch" beim Baumbesteigen, Ende der 70er Jahre, mit (von unten nach oben): Thomas Ranft, Gregor Torsten Schade, Kozik, Michael Morgner und Wolfgang E. Biedermann

173

1978

Ein Vogtländer im All

Wenn Zeitungen Extrablätter an einem Sonntag herausbringen, hat das Gründe. Der für das „Freie Presse"-Extra mit Datum 27. August 1978 schwebte seit dem Nachmittag des Vortages 220 Kilometer hoch über der Erde, war 41 Jahre alt und Vogtländer: Sigmund Jähn. Und vor allen Dingen: Der Armeeoffizier war der erste Deutsche im All und DDR-Bürger. Eine große süddeutsche Zeitung nahm es damals ironisch-leicht: „Der erste richtige Deutsche soll schließlich erst 1980 mit einem amerikanischen Spacelab-Raumschiff in den Weltraum fliegen."

Sigmund Jähn, Oberstleutnant und einer der ersten Düsenpiloten der DDR-Luftstreitkräfte, hatte sich 1976 bis 1978 im Sternenstädtchen bei Moskau auf den Weltraumflug vorbereitet. Jähns Chef an Bord war ein erfahrener Raumfahrer – Waleri Bykowski flog schon als fünfter Mensch ins All und war mehrfacher Kosmonaut.

Noch am 27. August dockte ihr Raumschiff Sojus („Union") an den Orbitalkomplex Salut 6/Sojus 29 an. Der Bilderbuch-Kopplung folgten dann schweißtreibende Minuten – erst mit Geschick und Geduld ging das Schott der Durchstiegsluke schließlich auf. Am Abend des Sonntags standen derweil Tausende unter freiem Himmel und starrten in die Höhe: Kosmonautensuche. Die Schulsternwarte in Rodewisch beschrieb die Himmelsbahn des kosmischen Komplexes so: „Mit einer Helligkeit wie die hellsten Sterne des nächtlichen Himmels steigt er steil, vom Westhorizont kommend, zur Zenitgegend empor."

Jähns Mission war auch aus heutiger Sicht erfolgreich: In 60 Arbeitsstunden wurden in der Schwerelosigkeit fast zwei Dutzend Experimente durchgeführt, eine Hochleistungskamera aus Jena lieferte faszinierende Bilder des „blauen Planeten". Sigmund Jähn schwärmte von der Erde in ihrer Schönheit und – Verletzlichkeit. Nach sieben Tagen, 20 Stunden und 49 Minuten landete das Duo.

Gut einen Monat später standen Hunderttausende an den Straßen, als Jähn und Bykowski durch den Bezirk Karl-Marx-Stadt ins vogtländische Morgenröthe-Rautenkranz fuhren, Sigmund Jähns Geburtsort. Die Sympathie für Jähn war verständlich. Der deutsche Astronaut Reinhold Ewald sagte im Blick auf seine Monate im „Mir-Trainingslager": „Ich schätze den Sigmund, der uns in den beiden vergangenen Jahren betreute. Und zwar nicht wegen seiner hohen beruflichen Qualität, sondern vor allem als Mensch und Freund. Er ist ein ganz lieber, ruhiger und besonnener Mann."

Seinem Freund Bykowski hatte Jähn 1978 nach der Fahrt durch das Heimatland übrigens ein stilechtes Mahl versprochen, vogtländische Klöße. Die aber sind nur locker schmackhaft, wenn sie keine Minute zu spät aus dem Wasser kommen. Doch alle Zeitpläne wurden durch die Leute am Straßenrand über den Haufen geworfen. Der hungrige Bykowski nahm es mit Humor.

Ulrich Krause

CHRONIK

Josip Broz Tito wird in Jugoslawien zum Staatspräsidenten auf Lebenszeit gewählt
∎
Bei einer Volksbefragung in Chile sprechen sich 75 Prozent für die Regierung des Generals Pinochet aus
∎
900 Anhänger der Sekte „Tempel des Volkes" begehen in Guayana Selbstmord
∎
DDR schließt Ostberliner Büro des „Spiegel"
∎
Das erste Retortenkind wird in Großbritannien geboren
∎
Reinhold Messner und Peter Habeler (Tirol) erreichen als erste Menschen den Mount Everest ohne Sauerstoffgeräte
∎
In Reitzenhain wird ein Grenzübergang zur ČSSR eröffnet

174

Auch das ist Ge-
schichte: 1978
wählte der Falken-
steiner Pfarrer
R. Günther durch
Selbstverbrennung
den Freitod, um ein
Zeichen zu setzen.
Der junge Plauener
Silberschmied Ma-
thias Heck schuf
dieses Kruzifix, daß
Assoziationen an
diesen Freitod
weckt

Auf 200 Quadrat-
meter Ausstellungs-
fläche können sich
Besucher in Mor-
genröthe-Rauten-
kranz über die be-
mannten und
unbemannten Welt-
raumprojekte mit
deutscher Beteili-
gung in Wort und
Bild informieren

1979

Der Vater der Postmeilensäulen

CHRONIK

Mit der Einnahme von Pnom Penh durch vietnamesische Truppen beginnt in Kambodscha ein Blitzkrieg gegen das Regime von Pol Pot

■

Schiitenführer Ajatollah Khomeini kehrt aus dem Pariser Exil in den Iran zurück

■

Eine ungewöhnliche Flucht nach Bayern gelingt zwei DDR-Familien in einem selbst gebastelten Heißluftballon

■

In Bremen zieht erstmals eine Grüne Partei in den Landtag ein

■

Promotionsrecht für die Ingenieurhochschule Zwickau

■

Ordensgründerin Mutter Theresa, die in den Armenvierteln Indiens wirkt, erhält den Friedensnobelpreis

Vor dreihundert Jahren, am 15. August 1679 wurde er in dem kleinen vogtländischen Dorf Marieney geboren, wo übrigens auch die Wiege des Dichters Julius Mosen stand. Ob man sich dieses Poeten noch erinnert, man darf es bezweifeln, aber Adam Friedrich Zürner hat sich steinerne Denkmale gesetzt, die allenthalben gepflegt und bewundert werden. Jede Stadt ist stolz, wenn sie auf ein Werk von Zürner verweisen kann, denn der Mann ist der Vater der sächsischen Postmeilensäulen.

Die Geschichte der „Chursächsischen Postmeilensäulen" beginnt damit, dass Meister Zürner lieber Karten zeichnete als dass er seine Pfarrersdienste versah. August der Starke fand es gut, was Zürner machte und erhöhte sein Dasein zum kurfürstlichen Geografen, was freilich nicht unbedingt eine Erhöhung seines Salärs bedeutete. Mit kurfürstlichem Dekret von 1721 wurde unter der Oberleitung Zürners eine Neusetzung der Wegezeichen befohlen, und was davon geblieben ist, kann man in etlichen Städten Sachsens besichtigen.

Da zeigen wir also mal eine Säule vor, vielleicht die Postdistanzsäule am Markt in Zwönitz, und wir erzählen ein Stück ihrer Geschichte. Die erste Frage war wie zumeist erste Fragen sind: Was soll die Säule kosten, und da waren sich die Räte einig, sie darf nicht mehr als 50 Taler kosten. Ein Steinmetzmeister, der tatsächlich Daniel Stein hieß, wurde beauftragt. Aber nachdem er 16 Taler, 21 Groschen und 6 Pfennige bekommen hatte, warf er den Stein oder das Handtuch, und der Steinmetzarbeiter Kauffmann trat in den Kontrakt ein.

Da kam dann ein Mitarbeiter Zürners nach Zwönitz, Lokaltermin nennt man solche Sachen, weil man die Sache meist in einem Lokal bespricht. Aber Kondukteur Zschornicke wollte sogar zwei Säulen, was den Zwönitz Räten nicht gefiel, und so blieb man bei einer Säule, die nun seither auf dem Marktplatz steht.

Freilich, wer die Säule heute besichtigt, der muss wissen, dass die angegebenen „Stunden" kein Zeitmaß sind, sondern ein Längenmaß. Eine sächsische Polizeimeile hatte 2000 Ruten, das sind 16000 Ellen. Und eine Meile war ein Längenmaß von 9,062 Kilometer oder von zwei Stunden. Eine Postmeilenstunde, so könnte man sagen, ist also eine Entfernung von cirka 4,5 Kilometer. Wer dies weiß, der wird erkennen, daß Adam Friedrich Zürner recht gut in seinem Metier war. Und seine Säulen wurden zu einem Meilenstein in der Postgeschichte. Heute nun sind sie Zeugnisse der Geschichte und Erinnerungen an jenen Mann, dessen steinernes Kind sie wurden.

Dr. Klaus Walther

*Eine Postdistanz-
säule am Hotel
Ross in Zwönitz
weist den Weg
in vieler Herren
Richtung*

1980

Wiedereröffnung Schauspielhaus

Oben das Licht, in dem das Leben auf der Bühne erstrahlte, unten die Toten: So war das in den sechziger Jahren beim Karl-Marx-Städter Schauspiel. Damals hatte man das Theater in einem Altenheim untergebracht. Und anfangs war die Leichenkammer des Hauses eben auch der Beleuchterraum, manchmal belegt mit Menschen, die vielleicht kurz zuvor noch als Zuschauer im Theater waren.

Ein Verbindungsgang führte vom Altenheim direkt auf den Rang. Da saßen sie dann, oft nur im Schlafanzug, die alten Leute, die nach dem Abendbrot mal herüber gekommen waren, um sich vor dem Zubettgehen noch einen Akt anzusehen. Gespielt wurde auf einer kleinen Behelfsbühne. Ein Tisch, ein Stuhl – oft war dies das ganze Bühnenbild. Den Rest besorgte die epische Kraft der Schauspielkunst, eines Schauspielertheaters, das von Landschaften, Städten und Menschen erzählte.

Im Mai des Jahres gab es dann einen Schwelbrand, die Bewohner des Altenheims wurden evakuiert, das Theater geschlossen, und es sollte wieder aufgebaut werden, brandschutzgerecht, mit Eisernem Vorhang zum Beispiel. Das Ende, ein Anfang: Formell als Rekonstruktion deklariert, entstand in viereinhalb Jahren ein Theaterneubau in Karl-Marx-Stadt. Der Brand selbst wurde zu einer Theaterlegende. Gelegt sei er worden, so ging das Gerücht, um die Uraufführung von „Tinka", ein neues Stück von Volker Braun zu verhindern. Nachdem ein Westberliner Sender das aufgeschnappt und verbreitet hatte, ging die Inszenierung in der Stadthalle dann doch noch über die Bühne. Eine Karl-Marx-Städter Geschichte zwischen Dichtung und Wahrheit.

„Die Jahre zwischen 1976 bis zur Wiedereröffnung des Schauspielhauses 1980 waren eine unheimlich produktive Zeit", meint der einstige Direktor Hartwig Albiro heute.

„Cornelia Schmaus war da, Jörg Gudzuhn gerade noch hier, und Ulrich Mühe ist geblieben, hat das Haus nicht im Stich gelassen wie viele andere auch." Ebenso Albiro selbst erschien es als eine moralische Verpflichtung, nicht nach Weimar zu wechseln trotz eines Angebots. Das Haus, also die Hülle fehlte, doch das Ensemble hielt zusammen.

Das war manchmal arm dran ohne festes Haus, doch reich an Glücksgefühlen, hier Theater zu machen „fast wie eine freie Gruppe und in einem Arbeitsklima, das sehr offen, sehr tolerant war im Vergleich zu Leipzig zum Beispiel und im Rahmen der Möglichkeiten der DDR", wie Albiro sagt. Mit der Wiedereröffnung 1980 kehrte Normalität ein, „auch eine gewisse Routine, allerdings gebrochen durch eine neue Art von Kreativität, die darauf zielte, die Zensur zu überlisten."

In einem der Flure des Schauspielhauses hängt noch immer an der Wand zur Erinnerung an 1976 ein Stück verkohltes Holz vom Bühnenboden. Ob einem Brand heute ein Wiederaufbau folgen würde? „Das kann man nur hoffen", meint Albiro und legt seine Stirn in Sorgenfalten.

Ulrich Hammerschmidt

CHRONIK

10 000 Kubaner demonstrieren in Perus Botschaft für ihre Ausreise

■

Sowjetischer Regimekritiker Andrej Sacharow wird nach Sibirien verbannt

■

Ein schweres Erdbeben in Italien fordert mehrere Tausend Tote

■

Wegen des sowjetischen Einmarschs in Afghanistan bleiben 50 Nationen, darunter die USA und die BRD, der Olympiade in Moskau fern

■

Bei einem Anschlag auf das Münchener Oktoberfest kommen 13 Menschen ums Leben

■

Beatle John Lennon – ein Idol der 60er Jahre – wird in New York auf offener Straße erschossen

Mit dem Stück „Das Ballhaus" ist dem Chemnitzer Schauspielensemble nach der Wende ein großer Renner gelungen

Unter Generalintendant Richard Tauber brachte das Schauspielhaus am 1. Juni 1929 die Dreigroschenoper zur Erstaufführung

179

1981

Zauberer im Berg

Auf der Hundsmarter, einem Bergrücken unweit des Fichtelberges wurde in einer Höhe von 850 Meter ein imposantes Wasserreservoir geschaffen, das – 1 000 Meter lang und 500 Meter breit – sechs Millionen Kubikmeter Wasser fassen kann. Von diesem Oberbecken des Pumpspeicherwerkes (PSW) in Markersbach, kann man einen erhebenden Ausblick genießen, unter anderem auch auf das Unterbecken, eine kleine Talsperre der Großen Mittwei-da mit einem Fassungsvermögen von 7,7 Millionen Kubikmeter Wasser.

Zwischen diesen beiden Becken, allerdings tief im Fels, 120 Meter unter Tage, befindet sich das Kernstück der Anlage, das Pump- und Kraftwerk mit einer ungewöhnlich hohen Nennleistung. Während die damals in der DDR bestehenden Pumpspeicherwerke Leistungen zwischen 80 und 320 Megawatt erbrachten, leistet das Werk in Markersbach stolze 1050 Megawatt und wurde damit das zweitgrößte Pumpspeicherwerk Europas.

Das PSW besticht durch viele technische und technologische Neuerungen, eine besteht darin, dass die Maschinensätze unterirdisch in einer bergbaulich geschaffenen Kaverne in gewachsenem Fels (Gneis) montiert sind; erstaunlich sind die Dimensionen: 146 Meter lang, 24 Meter breit und 42 Meter hoch. Ein Kreuzfahrtschiff, oder auch mehrere15stöckige Hochhäuser hätten hier Platz finden können.

Sieht man den Rotor eines der Aggregate (Gewicht 300 Tonnen) mit 375 Umdrehungen in der Minute laufen, und man spürt, wie der Berg vibriert, ist zu erahnen, welche gewaltigen Kräfte hier auftreten und welch eine Präzisionsarbeit wohl geleistet worden sein muss. Eine der damals entscheidenden Neuerungen bestand darin, Aggregate dieser Größenordnung so zu konstruieren, dass sie allein durch Änderung der Drehrichtung entweder als Pumpe oder als Generator laufen, also als reversible Pumpturbinen. Sie sind eigens für Markersbach in zwei tschechischen Werken entwickelt und gebaut worden. Allein der Transport der Teile (ein Stator wiegt 275 Tonnen) über den Erzgebirgskamm auch im Winter war eine einmalige logistische Leistung.

Neu war auch die Art der Wasserzuführung durch ein 60 Meter voneinander entfernt verlegtem Rohrepaar von je 650 Meter Länge. Durch den Höhenunterschied von 288 Meter vom Oberbecken bis zur Kaverne entsteht ein Druck von 35 bar. Um diesen zu beherrschen, wurden im damaligen VEB Germania in Karl-Marx-Stadt spezielle Rohrsegmente hergestellt.

Nach einer Bauzeit von elf Jahren wurde am 27. März 1981 die letzte der sechs Pumpturbinen in Betrieb genommen und die projektierte Nennleistung erreicht. Die Baukosten beliefen sich auf 1,6 Milliarden Mark der DDR.

1990 wurden alle Kraftwerke in den neuen Bundesländern von der eigens dafür geschaffenen VEAG übernommen.

Dr. Siegfried Freick

Ein Blick vom
Oberbecken ins
Unterbecken
des Pumpspeicher-
werkes Markers-
bach. Gut befestigte
Wanderwege loh-
nen den Aufstieg

In der Schaltwarte
wird Tag und Nacht
über die mehr als
sieben Millionen
Kubikmeter Wasser
Regie geführt

1982

Schwerter zu Pflugscharen

CHRONIK

Argentinien besetzt
die Falklandinseln

▪

Spanien wird offiziell
Mitglied der NATO

▪

Palästinenserführer
Arafat wird vom
Papst empfangen

▪

150. Todestag
Goethes
am 22. März

▪

Helmut Kohl
wird jüngster
Bundeskanzler

▪

Der Warenhaus-
konzern „Hertie"
wird 100 Jahre alt

▪

In Erlangen
kommt das erste
deutsche Retorten-
baby zur Welt

▪

Zwickau wird an die
Trinkwasser-
talsperre Eibenstock
angeschlossen

▪

Romy Schneider –
Tochter von Magda
Schneider und Wolf
Albach Retty – stirbt
43-jährig in Paris

Am 13. Mai 1982 geriet der Krumhermersdorfer Pfarrer Johannes Roscher im damaligen Karl-Marx-Stadt unversehens in eine „allgemeine Verkehrskontrolle". Dabei sahen die „Freunde und Helfer" allerdings seinen Aufnäher „Schwerter zu Pflugscharen" als „Verkehrshindernis" an und forderten, ihn von der Jacke zu entfernen - was Roscher ablehnte. Einer „Zuführung" entging er nur, weil er Pfarrer war.

Dies war damals kein Einzelfall. 1982 ging die DDR-Staatsmacht verschärft gegen die Friedensbewegung vor, deren äußeres Zeichen jener Aufnäher war. Dessen Vorgeschichte reicht bis 1979 zurück. Der Dresdner Harald Bretschneider, damals Landesjugendpfarrer in Sachsen, hat sie mitgeschrieben. Er verband den Wunsch nach Frieden mit dem Gedanken christlicher Buße als Besinnung auf menschliche Möglichkeiten – trotz menschlicher Unmöglichkeiten und mangelnder Zivilcourage.

„Schwerter zu Pflugscharen" – dieses Zeichen schmiedete zusammen, was bis dahin scheinbar nicht zusammengehört hatte: Die biblischen Worte waren auch Titel einer Plastik des sowjetischen Bildhauers Jewgeni Wutschetitsch, die als Geschenk von Nikita Chruschtschow an die UNO in New York stand. Zudem richtete sich der Protest gegen Rüstungsstrategen in Ost und West. Mit einem Trick sorgte Harald Bretschneider für die massenhafte Verbreitung des Symbols: Eine Druckgenehmigung hätte die Kirche vom Staat nicht bekommen. Der Druck auf Vlies jedoch galt als „Textiloberflächenveredelung" und war genehmigungsfrei. Schon 1980 wurden 100 000 Lesezeichen, später auch Aufnäher gedruckt.

Das Friedenssymbol entfaltete eine Kraft, die weit über die Kirchen hinausreichte. Die DDR-Führung fühlte sich am „Nerv getroffen", weil ein nicht vom Staat initiiertes Friedensverständnis in die Öffentlichkeit gelangt war. „Die Aufnäher wurden zum Symbol eines neuen Politikverständnisses. Gewalt als Mittel der Konfliktbewältigung wurde zunehmend kritisch gesehen", analysiert Bretschneider heute. Doch der Staat ließ die Muskeln spielen. Ab Ende 1981 wurden junge Leute gezwungen, das Symbol von ihren Jacken zu entfernen. Dieser „undifferenzierte Pazifismus", erinnert sich Harald Bretschneider an damalige Vorwürfe, sei „friedensfeindlich". In Schulen waren Lehrer angehalten, Träger des Aufnähers zu melden, linientreue Funktionäre rissen den Vlies von den Ärmeln, Jugendliche wurden polizeilich überprüft, es gab Verhaftungen, Exmatrikulationen, Lehrstellen und der Zugang zum Abitur wurden verwehrt.

Harald Bretschneider ist den Jugendlichen noch heute dankbar, die damals mutig diesen Aufnäher getragen und die friedliche Wende mit vorbereitet haben. Der Hüne mit dem Schmiedehammer stand für die Kraft der Schwachen, die gemeinsam so stark waren, dass sie den Lauf der Welt ein Stück verändert haben – allen „Verkehrskontrollen" zum Trotz.

Matthias Zwarg

WE SHALL BEAT OUR SWORDS INTO PLOWSHA

Symbol der Ab-
rüstung im Park
vor dem UNO-
Gebäude in New
York

183

1983

In der Heimat bleibt Ehrung aus

CHRONIK

Auf der sowjetischen Insel Sachalin schießen Kampfflugzeuge der UdSSR einen südkoreanischen Jumbo-Jet ab (269 Tote)
■
Erstmals ziehen die „Grünen" in den Bundestag ein
■
Bei den ersten Leichtathletik-Weltmeisterschaften in Helsinki siegt die DDR (10 Goldmedaillen) vor den USA
■
In Zschopau verläßt die zweimillionste „MZ" das Band
■
Im 82. Lebensjahr stirbt die Schriftstellerin Anna Seghers („Aufstand der Fischer von St. Barbara", „Das siebte Kreuz", „Transit")

Am 18. Juni 1983 erlosch in undenkbar einsamer Abgeschiedenheit im Pflegeheim Kirchberg bei Zwickau das Leben einer Künstlerin, deren Einfluss auf die Kultur der Gestaltung weltweit und bleibend festeht. Ihr Name aber ist beschämend unbekannt, dies vor allem in ihrer Geburts- und Heimatstadt Chemnitz. Marianne Brandt, als Künstlerin am Bauhaus hat sie mit ihren Gestaltungsentwürfen am konsequentesten seriell produktionsfähige Erzeugnisse mit hohem ästhetischen Anspruch in die Welt gebracht. Noch heute werden Gebrauchsgegenstände aus ihrer Hand und in ihrem Geist produziert und weltweit verkauft. Aber über die direkt von ihr entworfenen Dinge hinaus ist es die Gesinnung guter Gestalt industrieller Produkte, die sich in heutigem Design fortsetzen. Professor Hans Brockhage, einer der namhaftesten Künstler der Gegenwart, war Schüler von Marianne Brandt an der Dresdner Hochschule für Werkkunst, er hält sie für eine der einflussreichsten Künstlerpersönlichkeiten dieses Jahrhunderts. Professor Claus Dietel, Designer in Chemnitz, sagte in seiner Grabrede für Marianne Brandt, daß kein anderer bildender Künstler aus unserem Gebiet in diesem Jahrhundert eine Ausstrahlung erreicht hat, die größer ist als die von Marianne Brandt.

Sie wurde als Marianne Liebe 1893 auf dem Chemnitzer Kaßberg geboren, in ihrer Heimatstadt lebte sie wieder von 1933 bis 1949 und dann erneut ab 1954 bis zu ihrer Unterbringung im Pflegeheim Kirchberg. Ihre großen Entwürfe aus der Bauhauszeit, von denen das Tee- und Kaffeeservice aus dem Jahr 1924 noch heute durch die italienische Firma Alessi produziert wird, sind in den großen Museen Amerikas und Westeuropas, vieles ist in Privatsammlungen zusammengetragen. Tafelgeschirr und vor allem elektrische Leuchten sind im Besitz von Liebhabern, zum Teil werden astronomische Summen verlangt für den Fall von Angeboten auf dem Kunstmarkt. Bei einer Ausstellung ließ ein Sammler den berühmten Samowar aus der Gestalterhand Marianne Brandts nur wenige Stunden und unter strengster Bewachung sehen.

Dabei mußte Marianne Brandt selbst erst dahinterkommen, daß die „künstlerische Persönlichkeit den letzten Ausschlag gibt". In ihrem „Brief an die junge Generation" bekannte sie, dass es wohl die Arbeit in der Gemeinschaft solcher Persönlichkeiten war, „deren Arbeit und Werk in seiner hohen Qualität für selbstverständlich galten".

Marianne Brandt hatte in Weimar Malerei studiert, am Bauhaus gehörte sie auch zu den meisterlichen Fotografinnen. Als sie später in Karl-Marx-Stadt wieder mit dem Malen anfing und auch Kleinplastiken schuf – Arbeit als Formgestalterin für die industrielle Produktion war nicht mehr gefragt – hatte sie ihre besten Jahre schon ausgelebt. Und es sieht noch immer so aus, dass ihre Vereinsamung im Alter auch über den Tod hinaus anhält, zumindest in der sächsischen, besonders der Chemnitzer Öffentlichkeit.

Reinhold Lindner

184

*Noch heute werden
große Entwürfe von
Marianne Brandt
aus ihrer Bauhaus-
Zeit produziert, wie
diese Teile eines
Kaffee-Service*

*Marianne Brandt –
ihre Vereinsamung
hält auch über den
Tod hinaus an*

1984

Hilfe für einen Überlebenskünstler

Der Wald stirbt, sagen die einen. Der Wald erholt sich von selbst, wenn man ihn in Ruhe lässt, meinen andere. Der Wald ist ein Überlebenskünstler, doch er braucht Hilfe, wissen Forstleute und Wissenschaftler aus Erfahrung.

„Die Krankheit des Waldes hat mich mein ganzes Arbeitsleben lang beschäftigt. Schon 1962 schrieb ich eine Arbeit über Rauchschäden an Tannen. Am Ende stand eine düstere Diagnose. Deutlich waren Absterbeerscheinungen sichtbar. In den folgenden Jahren verschlechterte sich dann der Zustand ganzer Bestände rapide." Fast 50 Jahre war der Forstmann Werner Delling mit dem Erzgebirgswald „verheiratet". Als 1984 die ersten Waldschadensberichte in Deutschland geschrieben wurden, erfassten sie noch nicht „seinen" Wald. Trotzdem kannten er und seine Kollegen das Krankenblatt. „Schon damals haben wir mit Wissenschaftlern auf Versuchsflächen Heilmethoden getestet", so Delling.

Bald ragten für jedermann sichtbar im Erzgebirge gespenstische Geisterwälder in den Himmel. „Es war manchmal schon zum Verzweifeln. Wir kannten den schlimmsten Krankheitsherd: die böhmischen Kraftwerke, die Gift und Galle spuckten. Doch das Übel an der Wurzel packen konnten wir nicht", sagt der Forstmann.

Seit der politischen Wende gibt es auch für die Region an der tschechischen Grenze Waldzustandsberichte. Traurige Gesamtbilanz: Der Wald im oberen Erzgebirge gilt heute als ältestes und größtes Waldschadensgebiet in Deutschland.

Nie kam der Wald zur Ruhe. Mit Schaudern erinnert sich Werner Delling an den Winter 1995/96. Es herrschte strenger Frost. Der Wind blies aus völlig ungewöhnlicher Richtung, trieb zuhauf die böhmischen Rauchschwaden über den Kamm. Wieder rissen sie große Wunden, wüteten auf 50 000 Hektar. 400 000 Kubikmeter Schadholz häuften sich an.

Doch Forstleute sind Optimisten. Selbst in scheinbar ausweglosen Situationen glauben sie an ihren Wald. Jetzt gestalten sie mit Wissenschaftlern den Forst um. Wo heute Nadelbäume dominieren, sollen künftig widerstandsfähige Mischwälder wachsen. „Der Wald wird es schaffen. Denn die Katastrophe im Winter 1995/96 war die letzte", sagt Delling bestimmt. Die böhmischen Kraftwerke sind – auch mit deutscher Hilfe – saniert oder stillgelegt. Sachsens Regierung hat Millionen Mark für den Wald bereitgestellt. So wurde es möglich, auf Tausenden Hektar Kalk auszubringen. Der wirkt der Versauerung der Böden entgegen. Zudem wurde dafür gesorgt, dass viele Öfen im Erzgebirge nun auch mit Öl oder Gas beheizt werden. Doch noch immer kränkeln viele Bestände. Der Patient braucht noch viel Liebe und Pflege. Trotzdem: „Ich sehe grün für den Wald", meint Forstmann Delling.

Renate Färber

*Der sterbende
Wald – Bild aus
dem Erzgebirge
zu Beginn der acht-
ziger Jahre*

187

1985

Ein Tempel für die Mormonen

Die Reihe schien endlos zu sein. Bis zu sechs Stunden warteten die Menschen – geduldig, neugierig, erwartungsvoll. Zehn warme Sommertage dieses bleibende Bild: Menschenschlangen vor einem Tempel. Am 28. Juni 1985 wird in Freiberg der Mormonentempel geweiht. Zehn Tage zuvor fließt der Besucherstrom, 90 000 Menschen kommen in die alte Bergstadt, das schöne neue Haus der „Kirche Jesu Christi der Heiligen der Letzten Tage" von innen zu besehen.

Im April zwei Jahre zuvor war erster Spatenstich. Dresdner Architekten gaben dem Projekt eine sehenswerte und zweckmäßige Form – dem Erzgebirge angepasst. „Es war ein erhebendes Gefühl, das zu erleben", erinnert sich noch Jahre später der Freiberger Juwelier Holger W. Bellmann. Heute organisiert Mormone Bellmann auch Reisen in das Land der Vorväter, nach Israel, denn der von den Mormonen als „Gottes Sohn" hochverehrte Jesus „ist der größte Jude aller Zeiten".

Der Bau war der erste Mormonentempel auf deutschem Boden, der dritte in Europa und der einzige im einem kommunistischen Land. So viele Superlative verlangen Erklärungen. Zehn Jahre zuvor hatten sich auf den Lößnitzbergen bei Radebeul Mormonen aus der DDR um ihren Apostel Thomas S. Monson versammelt. Etwa 5 000 Mormonen gab es in der DDR, und sie lebten vorwiegend im sächsischen Süden des Landes. Monson, einer aus dem Rat der Zwölf Apostel der Kirche, bittet in seinem Gebet den „himmlischen Vater", sich in die Angelegenheiten der DDR-Regierung „einzuschalten". Gott solle verursachen, „dass Dein Heiliger Geist mit denen verweilt, die derselben voranstehen, dass ihre Herzen berührt werden und sie Entscheidungen treffen, die der Förderung Deines Werkes dienen."

Das innige Flehen hatte handfeste politische und religiöse Hintergründe, nur zu verstehen aus dem Glauben der Mormonen. Ihre Lehre basiert nicht zuletzt auf einer starken Betonung der Familie. Die „Heiligen der Letzten Tage" verstehen sich als die einzigen Christen, die lehren, dass die Familie durch spezielle religiöse Verordnungen auf ewig bestehen kann. Dazu zählt als höchstes die Siegelung, die Ehepartner, Eltern und deren Kinder auch über den Tod hinaus aneinander bindet und die gemeinsam im Tempel vollzogen wird. Es häuften sich die Ausreisewünsche ganzer Mormonenfamilien, um sich in den USA oder an den europäischen Tempelorten London oder Bern siegeln zu lassen. So kam von der Regierung die überraschende Anfrage: Haben Sie die Möglichkeit, in der DDR einen Tempel für Ihre Kirchenmitglieder zu bauen? Gesagt, getan, allerdings nach zähen Verhandlungen um den Standort.

Mehr als eine Marginalie: Freiberg avancierte nun zum Reiseziel für viele Mormonen auch aus der BRD – denn erst zwei Jahre nach Freiberg wird 1987 im hessischen Friedrichsdorf ein Mormonen-Tempel geweiht.

Ulrich Krause

*Für den ersten Mor-
monentempel im
Herzen Sachsens fiel
die Wahl auf Freiberg.
Zwölf Millionen Dollar
gaben die US-Mormo-
nen für den Bau aus*

*Das kulturelle Ereignis
des Jahres:
Die Wiedereröffnung
der Semper-Oper 1985
in Dresden*

1986

Der Weg zur feinen Universität

Für Karl-Marx-Stadt war der 4. November 1986 kein Tag wie jeder andere. Auch im Sozialismus verwöhnte die Exekutive die Industriestadt nicht gerade mit prestigeträchtigen Ablegern des Staates, an diesem Tag aber wurde die Technische Hochschule (TH) in Anwesenheit der zuständigen Mächtigen zu einer Technischen Universität (TU) aufgewertet.

Dem neuen Rang lagen freilich zwei gewachsene Realitäten zu Grunde. Zum einen hatte die wissenschaftliche Bedeutung der Lehranstalt seinerzeit einen solchen Stand erreicht, dass eine Aufwertung zur TU sachlich gegeben war, zum anderen wurde in jenem Jahr auch das 150-jährige Jubiläum des Beginns der Ingenieurausbildung in Chemnitz/Karl-Marx-Stadt begangen. Für das Selbstbewusstsein von Lehreinrichtung, wie auch der Stadt, sollte der neue, repräsentative Titel, der an der fachlichen Ausrichtung zunächst nichts änderte, durchaus von positiver Wirkung sein.

Auch nach der Wende konnte sich die TU Chemnitz-Zwickau, wie sie anfänglich hieß, gegen die fast übermächtige Konkurrenz von Dresden und Leipzig, die nicht zuletzt durch ihr attraktives urbanes Umfeld über Standortvorteile verfügten, behaupten. Fürs erste, fast unbemerkt, profilierte sich die Chemnitzer Alma Mater recht bald zu einem angesehenen Kompetenzzentrum für Mikroelektronik, Maschinenbau und Zukunftstechnologien.

Parallel wuchs die Zahl der Studenten an der TU Chemnitz, die heute bei rund 5 500 liegt, durch eine partielle Neuausrichtung der Fachbereiche oder der Neugründung der Philosophischen Fakultät. Dass die TU Chemnitz keine fragwürdige Massenuni wurde, ist zuallererst für die Studenten, aber auch für die Qualität von Lehre und Forschung von Nutzen. Die hervorragende Professoren-Studenten-Quote verkürzt wiederum massiv die Studienzeit.

Die ungünstigen Prognosen, die man der „kleinen, aber feinen Universität" (Eigenwerbung) in den ersten Jahren nach der Wende mitunter ausstellte, sind von der Wirklichkeit längst widerlegt. Heute gibt man gar das unversitäre Schmuckstück Sachsens ab, wenn in deutschlandweiten Rankings und Umfragen erste Plätze zu Buche stehen. Die Zeitschriften SPIEGEL und Focus kürten die Chemnitzer TU gar zur beliebtesten Technischen Universität Deutschlands. Und das „Chemnitzer Modell", die Kombination eines geisteswissenschaftlichen Hauptstudiengangs mit einer Richtung der Ingenieurs- oder der Wirtschaftswissenschaften, findet bundesweite Anerkennung.

Es handelt sich keineswegs um bloße Reklame der Uni-Pressestelle, wenn diese verkündet, dass Chemnitz auch dank seiner Universität auf dem Wege ist, zu einem der wichtigsten deutschen High-Tech-Standorte aufzurücken. Und auch wenn es nur ein symbolisches Relikt sein sollte – ein Stein in diesem Mosaik der Entfaltung wurde am 14. November 1986 gelegt.

Uwe Kreißig

Blick in das Auditorium maximum des Hochschulkomplexes der Technischen Universität Chemnitz, in dem 1986 der Lehrbetrieb aufgenommen wurde

191

1987

Bücher, Autoren, Leser

In diesem Jahr, an einem trüben Dezembertag, starb in Chemnitz der Schriftsteller Johannes Arnold, der hier auch 1928 geboren wurde. Manche seiner Bücher erzählen ein Stück naher und ferner Geschichte unserer Region, im Roman „Hieronymus Lotter" (1979) wird die Lebensgeschichte des großen Baumeisters erzählt und „In erster Stunde" wird den Tagen und Wochen nach dem Ende des Zweiten Weltkrieges nachgegangen. Arnold war einer aus der jungen Schriftstellergeneration, die hier zu DDR-Zeiten lebte und schrieb. Auch Heinz Hermann Wille, Autor eines vielgelesenen Romans um Karl Stülpner „Der grüne Rebell" (1956), Arne Leonhardt, Regina Hastedt, Katharina Kammer gehörten zu dieser Autorengruppe.

Aber mit Chemnitz verbinden sich auch andere Namen: Hier kam am 13. April 1915 Rudolf Leder zur Welt, der sich später als Schriftsteller Stephan Hermlin nannte. Stefan Heym, als Helmut Flieg 1913 geboren, wurde vom Gymnasium verwiesen, als er 1932 ein aufrührerisches Gedicht veröffentlichte.

Noch mancher Name muss genannt werden: In Schneeberg wurde der Autor und Filmregisseur Egon Günther 1927 geboren, und Bestsellerschreiber („Ich denke oft an Piroschka") Hugo Hartung kam aus Netzschkau im Vogtland. Reiner Kunze ist ein Bergmannssohn aus dem erzgebirgischen Oelsnitz, und Erich Loest wurde 1926 in Mittweida geboren. Die angeblich so literaturarme Wüste rings um Chemnitz hat manches zu bieten: Heiner Müller stammt aus Eppendorf. Gert Hofmann (geboren 1932 in Limbach), Rolf Schneider (geboren 1932 in Chemnitz), Werner Bräunig (geboren 1934 in Chemnitz) wie auch die Chemnitzer Günter Spranger (1921–1991) und Peter von Zahn (geboren 1913), sie alle haben auf verwandelte Weise ihre Geburtslandschaften ins Literarische getragen. Wie auch Peter Härtling, der 1933 hier zur Welt kam. Er schreibt: „1932 hatte sich mein Vater, nach Studienjahren in Prag und Leipzig, in Chemnitz als Antwalt niedergelassen. Er war 26 Jahre alt. Schon 1930 waren die Großeltern nach Hartmannsdorf gezogen, und dorthin verlegte mein Vater sein Büro. 1933 kam ich zur Welt, 1936 meine Schwester Lore. Zwischen meiner Geburt und dem Tod meines Vaters lagen zwölf Jahre. Es blieb uns wenig Zeit ..."

Dr. Klaus Walther

192

Erich Loest

Als wir in den Westen kamen

DVA LINDEN

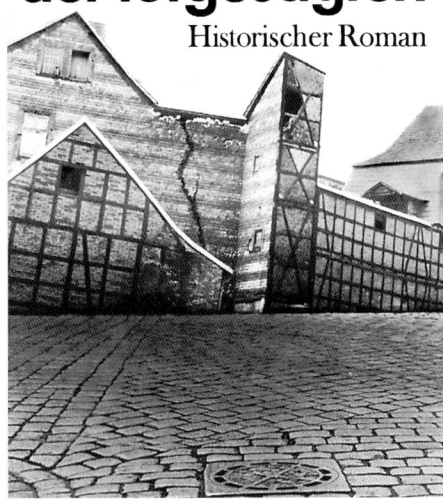

Johannes Arnold

Aufstand
der Totgesagten

Historischer Roman

Regina
Röhner

Der
sächsische
Prinzenraub

Die Geschichte
des Kunz von Kauffungen

Chemnitzer Verlag

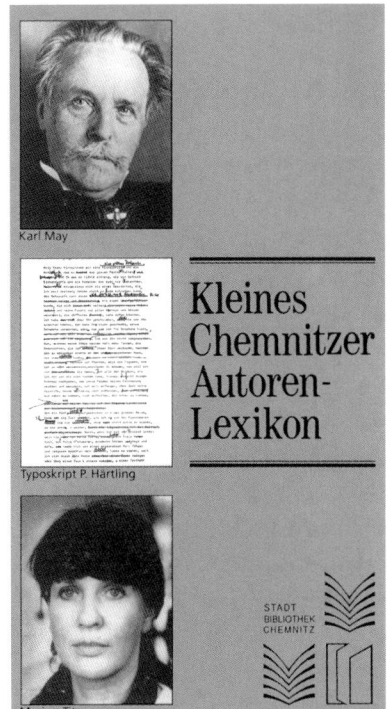

Karl May

Typoskript P. Härtling

Marion Titze

Kleines
Chemnitzer
Autoren-
Lexikon

STADT
BIBLIOTHEK
CHEMNITZ

*Buchumschläge
legen Zeugnis ab
vom reichen
Schaffen sächsischer
Autoren*

193

1988

Ruhe vor dem Sturm

1988 geht seinen sozialistischen Gang. Die Planaufgaben werden übererfüllt, die Kampfgruppen der Arbeiterklasse demonstrieren Kampfbereitschaft, und die „Freie Presse" feiert den Vorsitzenden der Bezirksparteileitung. Der trifft sich mit Bäuerinnen, Offizieren, Sportlern und einer Delegation aus Ulan Bator, sitzt, von ihr gerahmt, in der Bildmitte – ein später Heiland beim Abendmahl.

Die Kultur des politischen Witzes erlebt ihre letzte Blütezeit. Niemand kann so recht glauben, dass spitze Bemerkungen über das Knacken im Telefon wirklich aufgezeichnet, ausgewertet werden. Der Schwarzmarktkurs D-Mark zu Mark der DDR steigt auf 1 zu 10.

Wir sind im vierten Jahr der Perestroika. Während der traditionellen Gedenkdemonstration zu Ehren Rosa Luxemburgs und Karl Liebknechts werden 120 Staatsfeinde verhaftet.

Ansonsten ist alles wie immer. Fast. „Nicht alles, was für die Sowjetunion richtig ist", verkünden Genossen neuerdings, „muss auch für uns richtig sein."

In Polen streiken Bergarbeiter für die Zulassung einer unabhängigen Gewerkschaft. In Litauen, Lettland und Estland demonstrieren Tausende für die Unabhängigkeit ihrer Republiken. In Moskau wird der KPdSU-Generalsekretär Gorbatschow Staatspräsident. Er fordert, die Perestroika gegen Widerstände zu intensivieren.

Wir intensivieren auch. Die staatlichen Leiter die Plandiskussionen, die Genossen Offiziere die Verteidigungsbereitschaft, die Schriftsteller und Künstler ihre Aufmüpfigkeit. Und alle zusammen intensivieren wir Beziehungen.

Alles geht seinen Gang wie immer. Fast.

Ich habe begonnen, die Fotos des Genossen Lorenz auszuschneiden. Er ist öfter im Blatt als Honecker. Meine Freundschaft zur Sowjetunion vertieft sich, ich studiere den abonnierten „Sputnik".

Im Oktober fehlt das liebgewordene Digest im Kasten. „Eingezogen", wird mir erklärt. Die sowjetische Presse bei uns verboten? Die Genossen weichen Fragen aus, erste Sputnik-Witze kursieren.

Im November fliege ich mit fünf Kollegen nach Moskau – Gegenbesuch im Sowjetischen Schriftstellerverband. Auf der Suche nach dem inzwischen berühmten Heft 10, in dem zum ersten Mal über den Hitler-Stalin-Pakt geschrieben worden war, sprechen wir im Journalisten-Verband vor, dann in der Sputnik-Redaktion. Wir sind längst nicht die ersten, aber wir bekommen zwei Exemplare. Für den Schriftstellerverband der DDR, eins in Russisch, eins in Deutsch.

Zu Hause dann geht jeder von uns in die Versammlung seines Bezirksverbandes, hält das Heft hoch, dass alle es sehen können, liest daraus vor. Die Diskussion beginnt, und keiner ahnt, was daraus werden wird. Alle hoffen noch auf bessere Zeiten.

Rainer Klis

*Katarina Witt,
Goldmedaillen-
gewinnerin im
Eiskunstlauf bei
der Olympiade in
Calgary (Kanada)
überzeugte auch
als Ella in
„Die Eisprinzessin"*

*Vor der Wende
kam die Musik:
Die Münchner Phil-
harmoniker unter
Leitung von Sergiu
Celibidache
gastierten 1988
erstmals in der
DDR*

1989

Plauenern platzt der Kragen

Ein Polizeihubschrauber kreist über der Plauener Innenstadt. Es ist Sonnabend, der 7. Oktober 1989, 15 Uhr. Die „Initiative zur demokratischen Umgestaltung der Gesellschaft" hatte tags zuvor in der Stadt Handzettel verteilt, mit denen sie zum 40. Jahrestag der DDR zu einer Protestdemonstration aufrief. Die Mund-zu-Mund-Propaganda hat dazu beigetragen, dass schätzungsweise mindestens 10 000 Menschen in die Innenstadt kamen. Wenige Tage vorher waren durch Plauen die Züge gefahren, in denen die Flüchtlinge aus der Prager Botschaft nach Hof in die Bundesrepublik abgeschoben wurden. Das hatte nicht nur bei den Plauenern das Blut zum Kochen gebracht.

Gefordert wurden an diesem 40. Republikgeburtstag lautstark unter anderem Versammlungs- und Demonstrationsrecht, Streikrecht, Meinungs- und Pressefreiheit, die Zulassung des „Neuen Forums", freie, demokratische Wahlen, Reisefreiheit. Diesen Forderungen begegnete die Staatsmacht mit zu Wasserwerfern umfunktionierten Feuerwehrautos und einem starken Polizei- sowie Kampfgruppenaufgebot. Die Menschen formierten sich zum Demonstrationszug. Am Rathaus angekommen, verstand es Superintendent Thomas Küttler, heute Plauens Ehrenbürger, die Massen zu beruhigen und eine Konfrontation mit der Staatsmacht zu verhindern. Der überwiegende Teil der friedlich auftretenden Demonstranten ging gegen 18 Uhr nach Hause, nachdem der Abzug des Hubschraubers und der schwerbewaffneten Kampfgruppen erzwungen war.

Wie erst Tage danach bekannt wurde, fuhr die Polizei gegen 22 Uhr noch einmal in der Stadt auf, um die restlichen Grüppchen auseinanderzutreiben. Mit hartem Einsatz wurden 57 Personen zur Polizei gebracht, 19 davon verhaftet. Es gab 10 bis 15 Verletzte, berichtete Küttler in seiner 1991 erschienenen Dokumentation „Die Wende in Plauen". Die letzten Inhaftierten kamen am 13. Oktober frei.

Für den 12. Oktober wurde zwischen Oberbürgermeister Norbert Martin und Superintendent Küttler ein Rathausgespräch vereinbart. An ihm nahmen 25 Plauener aller Gesellschafts- und Berufsschichten teil, die später die „Gruppe der 20" bildeten und sich maßgebliches Mitspracherecht beim Regieren der Stadt erstritten. Aus ihr ging dann der Runde Tisch der Vogtlandmetropole hervor. Am 14. Oktober strömten die Plauener wieder auf die Straße und legten die neue Demo-Strecke fest, vom Rathaus aus an Volkspolizei-Kreisamt, Stasi-Kreisdienststelle, SED-Kreisleitung vorbei und über die Bahnhofstraße wieder zurück zum Rathaus. Dort gab es dann noch über 20 Wochen lang jeden Samstag die berühmte Plauener Kundgebung.

Begleitet wurden die sich in dieser Zeit überschlagenden Ereignisse vom Fall der Mauer am 9. November und vom enormen Reiseverkehr, der Plauen wieder zum Verkehrsknotenpunkt zwischen Sachsen und Bayern werden ließ.

Roland Wöllner

196

*Demonstration
in Plauen*

*In der Bezirksstadt
machten deren Ein-
wohner vor dem
Karl-Marx-Monu-
ment ihrem Herzen
Luft*

197

1990

Die D-Mark ist da

Am Gemüsestand gleich hinter der Schranke, die sich wie von Ariels Geisterhand öffnet, hat es einen wieder erwischt: das sonderbare Gefühl, hier ganz woanders zu sein. Normalerweise ist ein Supermarkt kein poetischer Ort. „Ein Pfund Hackfleisch für einsneunundneunzig" klingt auch nicht gerade sehr literarisch. Die Stimme kommt hoch oben aus den Lautsprechern hinter der Deckenverkleidung.

Dann Musik. Meeresrauschen. By the rivers of Babylon. „Vier sechsundsiebzig bitte dreihundertfünfzehn anrufen". Seltsame Stimmen. Klänge und Lieder erfüllen die Luft, heißt es in Shakespeares „Sturm" über Prosperos Eiland. Dafür sorgt in diesem Schauspiel ein fliegender Geist, der (siehe oben) den Namen eines Waschmittels trägt. Also doch: Es stimmt, das Gefühl, ganz woanders zu sein – auf einer Insel.

Der König, der hier herrscht, heißt fast wie bei Shakespeare, nämlich: Prosperität, also laut Duden wirtschaftlicher Aufschwung und Wohlstand. Wer die D-Mark besitzt, kann sich zu seinen Untertanen zählen und mitspielen in diesem Theater, auf einer Bühne, auf der die Bonität die heimliche Hauptrolle hat.

Der Sturm zur Insel setzt vor allem jeden Samstag vormittags ein. In einer Blechwelle und Autoflut schaukelt man dann in seinem Vierradschiff zum Beispiel in Chemnitz die Neefestraße hinauf, die Annaberger oder die Leipziger entlang.

An wie Wogen wandernden Baustellen geht es vorbei, und manchmal glaubt man, in ozeantiefen, also grundlosen Staus für immer zu versinken. Doch dann ist plötzlich Land in Sicht. Im Wind wehen Fahnen gleich Palmenwedeln. Und vor einem taucht mitten in der Ödnis die Insel auf, umbrandet von neu gebauten Zufahrtswegen, umgeben von langgezogenen Parkplatzstränden.

Tja, früher: Da musste man mit kubaesken Einkaufsstützpunkten vorlieb nehmen, die sich Kaufhallen nannten. Statt blauer Fliesen in der Kasse gab es oft blassgrüne Kacheln an der Wand. Und Halle – das klang nach Leere und verband sich mit Strandgutsuche.

Und nun locken exotische, fremdländische Namen zur Ausreise in die Ferne der nahen Stadtuferzonen jenseits der Citygrenzen. Also zum Beispiel Buchstaben, die sich nach Genussmittel anhören (Tee), nach runder Fülle und langem Staunen (ohhh und nochmal ohhh), nach dem Geschmack von röstfrischem Kaffee und Sahnejoghurt (mmm). Nur der Alu-Deckel auf dem Plaste-Becher erinnert einen kurz mal an frühere Zeiten – vielleicht war er ja mal eine DDR-Mark gewesen.

„Auf der heiligen Insel", hat Schiller gedichtet, „findet der trübe Gram, findet die Sorge dich nicht." Doch in der profanen Geschäftswelt ist Paradiesschluss spätestens um zwanzig Uhr. Dann geht der Sturm wieder los. Und das bedeutet: zurück ins kalte Wasser, aus dem diese Inseln sich erheben.

Ulrich Hammerschmidt

CHRONIK

Nelson Mandela, Führer der afrikanischen Widerstandsorganisation ANC, wird nach 28 Jahren Haft freigelassen

Iraks Truppen besetzen Kuwait

Die Wirtschafts-, Währungs- und Sozialunion zwischen der Bundesrepublik und der DDR tritt in Kraft (DM als alleingültige Währung in der DDR)

Die Stasi-Zentrale in Berlin wird von 2000 Menschen gestürmt

Bundeskanzler Helmut Kohl legt Grundstein für neue Autofabrik in Mosel

Komponist Leonard Bernstein, Dirigent und Komponist („Westside-Story"), stirbt 72-jährig in New York

198

Alltag 1990: Schlangen vor der Staatsbank Karl-Marx-Stadt, als die DDR-Mark in D-Mark getauscht wurde

Sicherheit war oberstes Gebot, als in Chemnitz einer der ersten DM-Geldtransporte eintraf

1991

Die Silberstraße

Nichts erinnert mehr an ihren Ursprung als ein Name. Jahrhundertealte Geschichte scheint vergessen. Das Asphaltband, das sich von Zwickau nach Schneeberg zieht, ist heute eine Straße wie viele andere auch, ein roter Strich, eine Zahl im Autoatlas. Und doch verbergen sich unter der nunmehr glatten Oberfläche die Steine der Geschichte. Der Name eines Ortes erinnert die verwehten Zeiten: Silberstraße. Die kleine Gemeinde, auf halbem Weg zwischen Schneeberg und Zwickau an der B 93 gelegen, hat ihren Ursprung in einem Prozess wirtschaftlicher und kultureller Umwälzungen, die diese Landschaft veränderten.

Hochbeladene Wagen mit dem in Schneeberg und Umgebung geschürften Silber rollten hinunter nach Zwickau, Tag für Tag, in Wind und Wetter. Bau- und Bergleute, Händler und Fuhrmänner gingen hier in den holprigen Wagengleisen ihren Arbeitsweg. Es ist eine Straße, die Geschichten und Geschichte trägt, die Geschichten des Silberbergbaus im sächsischen Erzgebirge.

Der alte Straßenname hat nun eine neue Bedeutung erhalten: Es entstand die erste sächsische Ferienstraße, die die ursprüngliche Route der Silberbergwerke einschließt, aber nun von Zwickau über die alten Bergstädte Schneeberg, Annaberg-Buchholz, Marienberg, Brand-Erbisdorf, Freiberg – mit Abschweifungen ins Umland – bis in die Landeshauptstadt Dresden führt. Zeugnisse aus Geschichte, Wirtschaft und Kultur erschließen uns einen historischen Weg, der aus fernen Zeiten ins Heute führt.

Burgen und Schlösser in ihren Tälern, auf ihren Bergen, die romantischen Bergfriede in Schwarzenberg, Zschopau, Scharfenstein, die Schlösser Purschenstein und Pfaffroda, der schönste Bau dieser Landschaft, das Renaissanceschloss der Augustusburg, sie künden an diesem Weg von Besiedlung und Kultivierung.

Die Schaubergwerke und Hammerwerke, in Waschleithe und Marienberg, in Pobershau und im Hof des Erzgebirgsmuseums in Annaberg: Gänge in die Tiefe der Schächte, Gänge in die Geschichte des Bergbaus, wie auch im Frohnauer Hammer bei Annaberg und in der Saigerhütte Grünthal.

Die Kirchen des Landes. Die schönen spätgotischen Bauten in den einstmals reichen Bergstädten, Kunstwerke von Hans Witten und Peter Breuer, der Bergaltar von Hans Hesse. Und in den Dörfern die kleinen Wehrkirchen. Ach ja, auch die Museen bewahren diese Geschichte und bringen sie gleichsam in die Gegenwart, kaum eine andere Landschaft ist so reich.

Und schließlich, dies ist auch das deutsche Weihnachtsland, das der Reisende in den kalten Wintertagen erlebt: die Lichterwelt des Gebirges, die zurückführt an die Anfänge: Denn die erzgebirgische Weihnacht lebt aus christlicher Überlieferung ebenso wie aus der Sehnsucht der Bergleute, aus dem Dunkel der Gruben an das Licht des Tages zurückzukehren.

Dr. Klaus Walther

200

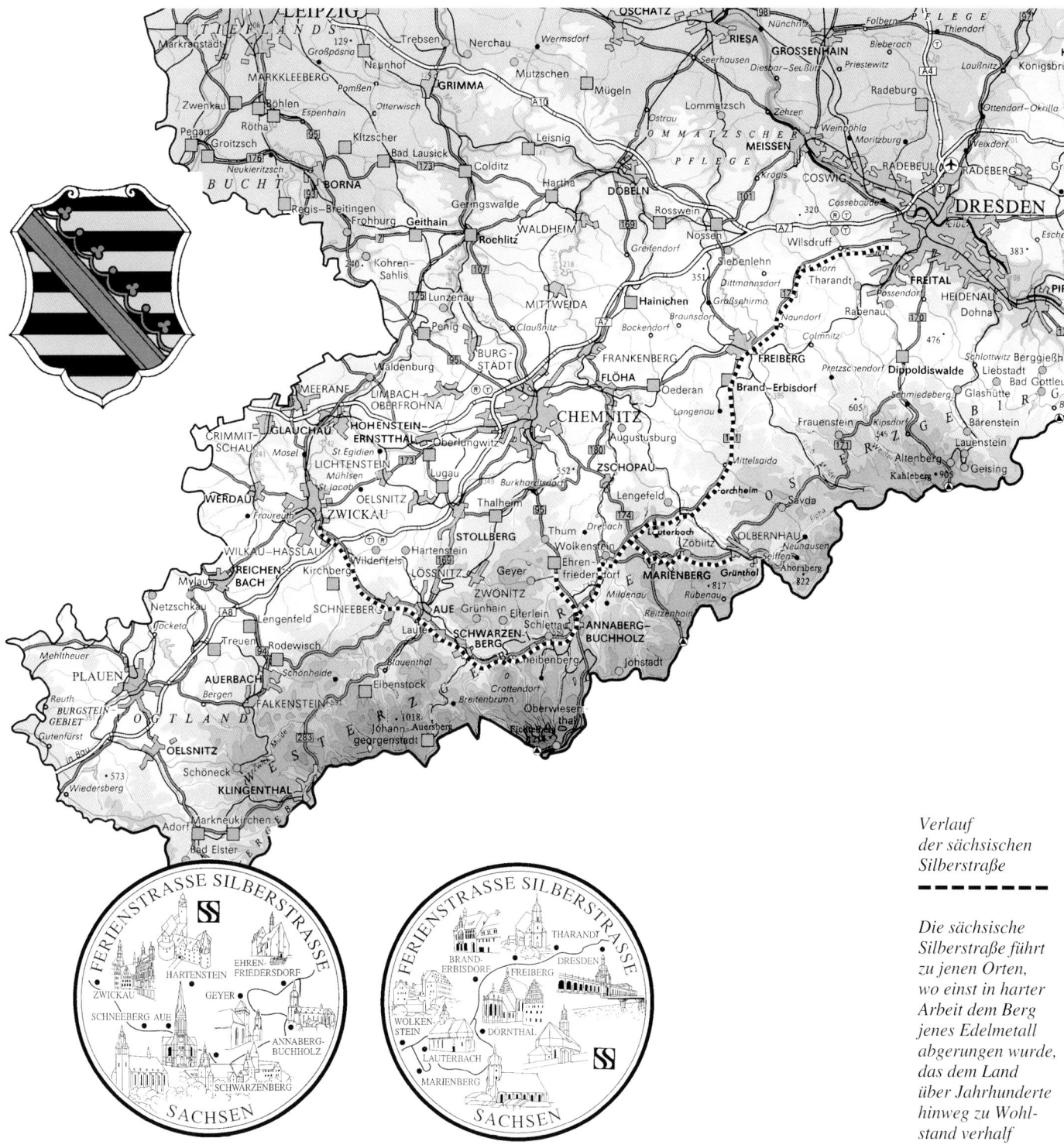

Verlauf
der sächsischen
Silberstraße

– – – – – – –

Die sächsische
Silberstraße führt
zu jenen Orten,
wo einst in harter
Arbeit dem Berg
jenes Edelmetall
abgerungen wurde,
das dem Land
über Jahrhunderte
hinweg zu Wohl-
stand verhalf

1992

Aktion mit Wirkung

Es ging eng zu auf dem kleinen Stand der Foron Hausgeräte GmbH. Die Repräsentanten des Unternehmens aus Niederschmiedeberg hatten zur internationalen Hausgerätemesse Domotechnica 1993 in den Kölner Messehallen alle Hände voll zu tun, um die vielen Fragen der Fachbesucher zu beantworten. Seit Wochen war der Öko-Kühlschrank Lieblingsthema der Medien und Streitthema bei Expertenrunden.

Bereits seit 1992 war Foron in den Schlagzeilen. Für das Werk, das als Monopolist die DDR-Haushalte zwischen Fichtelberg und Kap Arkona mit Kühlschränken belieferte, sah die Treuhandanstalt kaum noch eine Zukunft. Das Produkt war nach Ansicht der Berliner Privatisierer nicht konkurrenzfähig, und den Markt der „weißen Ware" hatten bereits sieben etablierte Hersteller aus den alten Bundesländern unter sich aufgeteilt. Investoren gaben sich zwar die Klinke in Niederschmiedeberg und Scharfenstein in die Hand, doch keiner unterschrieb den Kaufvertrag.

Mit dem FCKW- und FKW-freien Öko-Kühlschrank hatten die Kühlschrankbauer aber noch einen Trumpf in der Hand. Kühlgeräte mit dem Aufdruck „FCKW-frei" standen zwar schon einige Zeit auf den Angebotslisten der Hersteller. Dieser Vermerk war aber irritierend. Er wies nur darauf hin, dass der Isolierschaum frei von diesem Treibgas ist. Im Juli 1992 präsentierten das bis zur Privatisierung im November 1992 noch unter dkk firmierende Unternehmen und die Umweltschutzorganisation Greenpeace eine Neuheit, die völlig ohne Treibgase arbeitet. Das als Kühlmittel eingesetzte Propan-Butan-Isobutan-Gemisch wurde von dem Dortmunder Professor Harry Rosin entwickelt und von dkk perfektioniert.

Die kleine ostdeutsche Firma revolutionierte damit die gesamte Kühlgeräteindustrie. Bislang fehlte der Druck auf die etablierten Hersteller, um die Produktion völlig treibgasfrei auszurichten. Zwar wurde erst Ende der 80er Jahre das neu entwickelte Kühlmittel R134a eingesetzt. Es enthält immer noch FKW, doch im Vergleich mit FCKW 12 galt es als Riesenfortschritt. Die Branche jedoch wehrte sich heftig gegen die Neuerung. In einem gemeinsamen Schreiben erklärten die sieben führenden Hersteller das Öko-Gerät für nicht funktionstauglich.

Mit dkk ergriff auch Greenpeace die Chance. Wolfgang Lohbeck, Klimaexperte bei der Umweltorganisation, hatte bereits vielfältige Erfahrungen mit Unternehmen gemacht und ließ sich nicht so leicht aus der Ruhe bringen. »Traue nie den Argumenten der Industrie, vor allem, wenn sie technisch daherkommen«, war sein Motto. Und so startete die Umweltorganisation eine einzigartige Anzeigenkampagne und warb auch mit Postwurfsendungen für den Öko-Kühlschrank. Diese Aktion zeigte rasch Wirkung. Das Gerät war noch nicht auf dem Markt, doch es gab bereits erste, größere Bestellungen.

Ramona Nagel

CHRONIK

Mit der Eskalation von Kämpfen zwischen Georgien und Abchasien wird der Kaukasus zur Krisenregion
∎
Der Absturz einer Boeing in einem Amsterdamer Vorort fordert rund 70 Todesopfer
∎
Seit Jahresbeginn können Opfer der Stasi ihre Akten einsehen
∎
Größter deutscher Filmstar dieses Jahrhunderts und letzte Hollywood-Diva, Marlene Dietrich („Der blaue Engel", „Sag mir, wo die Blumen sind"), stirbt 90-jährig in Paris

KÄLTE
ohne
REUE
GREENPEACE

FORON®

FCKW-freier
Kühlschrank
Bestellung:
040/31186-439
GREENPEACE

Der erste runde Kühlschrank aus Niederschmiedeberg ließ 1992 die Fachwelt aufhorchen

Mit der Umweltschutzorganisation Greenpeace hatte dkk einen starken Partner an seiner Seite, der mithalf, eine Neuheit auf den Markt zu bringen, die völlig ohne Treibgase arbeitet

1993

Abzug der Russen

Wir hatten sie ja immer vor Augen und Nasen in der Leninstraße, die jetzt die Heinrich-Schütz-Straße ist. Das Aus und Ein der oftmals mit Benzin, nicht mal mit Diesel betriebenen schmutziggrünen verbeulten LKW mit dem rot-weißen CA für Sowjetarmee, die gereckten Hinterteile der Fahrer, wenn wieder mal so eine Kiste liegen geblieben war, die ewigen Kolonnen zu Manöverzeiten: „Oktobersturm", zusammen mit den Waffenbrüdern von der NVA. Wir wussten, dass sie nur selten und dann nur trüppchenweise Ausgang bekamen: Ohne Tritt marsch! Und dann ging's zu einer Drushba mit Jungen Pionieren: Kleine weiße Friedenstaube. Wir wussten, dass sie Benzin gegen Schnaps tauschten, später sogar Pistolen samt Munition. Aber wir wussten auch, dass die Offiziere unseren Heine besser auswendig rezitierten als wir, wir wussten, dass sie in der Bahn Klassisches lasen, dass sie Klavier spielen konnten und beim Kasatschok Gummibeine hatten.

Die meisten von uns wussten nicht, wie dreckig es ihnen hinter ihren unsäglich getünchten Zäunen ging. Doch es gab den Sender „Radio Wolga", der hierzulande auf Mittel- und Langwelle das Programm der Moskauer Estrade übertrug und zwischenhinein über die Belange der Mannschaften in den Kasernen plauderte. Und wer die russisch geschulten Ohren spitzte, vernahm etwa in einer Ratgebersendung, dem chronischen Vitamin- und Eiweißmangel könne man dadurch begegnen, dass man in einer Ecke des Kasernengeländes doch Weißkohl oder den eisenhaltigen Spinat anbaut –

in jeder Kompanie gebe es schließlich Agronomen-Spezialisten. Auch sei das Halten einer Kuh zu erwägen. Das alles im Freundesland, wo wenigstens Kohl und Milch nicht gerade knapp waren.

Ich erinnere mich auch, dass Jahre später, bei einem Besuch in der Uni von Karaganda, Kasachstan, der dortige Lehrstuhlleiter für Deutsch vor Freude erglühte, als er vernahm, dass sein Gast aus dem früheren Karl-Marx-Stadt käme: Er hatte in Oberlungwitz bei der Panzer-Reparaturbrigade als Fahrer gedient, erhob das Glas auf die verflossene DDR und verweilte lange beim Ruhm jenes Kokoskuchens, den er jeden Tag beim Oberlungwitzer Bäcker gekauft hatte. Im Auftrag des gesamten Offizierskorps. Und er zeigte sich überzeugt, dass es mit dem Sozialismus nicht so schlimm geendet hätte, wenn in der Sowjetunion auch solcher Kuchen zu haben gewesen wäre ...

Wer weiß. Jedenfalls erinnern wir uns, wie sich die Kasernen nach und nach leerten, wie das Inventar, sofern nicht mitgeführt, von patriotisch gestiefelter deutscher Jugend kurz und klein geschlagen wurde, wie die Westalliierten in Berlin mit Pomp und Trara verabschiedet wurden, die Westgruppe der Sowjetarmee hingegen sang- und klang- und kanzlerlos.

Die Rote Armee, wie sie früher hieß, die die größten Verluste im Kampf gegen Hitler-Deutschland erlitt.

Günter Saalmann

CHRONIK

Fünf Tote und über 1000 Verletzte fordert ein Bombenanschlag auf das New Yorker World Trade Center, zweithöchstes Gebäude der Welt

Die seit 1918 bestehende Tschechoslowakei wird in zwei selbstständige Staaten aufgelöst

Nach 198 Tagen Untersuchungshaft wird Erich Honecker aus gesundheitlichen Gründen aus der Untersuchungshaft entlassen. Er fliegt nach Chile

204

Im April 1993 ziehen GUS-Truppen aus dem Stadtgebiet ab. Am Bahnhof werden sie von Chemnitzern verabschiedet

1994

Das Agricola-Jahr

CHRONIK

Letzte Parade der
Truppen Frankreichs,
Großbritanniens und
der USA in Berlin
∎
In Bonn öffnet
das „Haus der
Geschichte
der Bundesrepublik
Deutschland"
∎
Die Treuhandanstalt
beendet ihre Arbeit
∎
PDS (Partei des
demokratischen
Sozialismus)
gelangt in den
Bundestag
∎
Kaufhauserpresser
„Dagobert" gefasst
(fünf Bomben-
anschläge auf einen
Kaufhauskonzern)
∎
Historiker und
Schriftsteller
Golo Mann stirbt
85-jährig
in Leverkusen

Die „Wende" brachte nicht nur einen Wechsel des politischen, wirtschaftlichen und sozialen Systems, die radikale Neuorientierung erschütterte auch das Leben jedes einzelnen Menschen. Das schon in DDR-Zeiten für eine Jubiläumsfeier vorgesehene Agricola-Gedenkjahr 1994 erhielt nun einen neuen Stellenwert: Agricola lenkte die Aufmerksamkeit auf eine der glanzvollsten Epochen sächsischer Geschichte; er hatte die modernste Technik seiner Zeit beschrieben, die für den Silberbergbau im Erzgebirge eingesetzt wurde. Er hat seit langem weltweit einen unbestrittenen Ruhm als Begründer der Wissenschaften vom Bergbau; seine historische Würdigung war vom Kalten Krieg der Geschichtswissenschaften kaum betroffen gewesen. Agricola war zudem ein Sachse, der in Glauchau, Zwickau, Leipzig und Chemnitz gelebt hatte und dem Kurfürsten treu ergeben war – und zugleich ein europäischer Humanist, der in Italien studiert hatte und mit den Gelehrten seiner Zeit in Briefwechsel stand.

Doch das belebende und kräftigende Bad in der silbernen Vergangenheit war nur ein Aspekt des Agricola-Jahres. Zugleich war es ein Prüfstein, ob eine ganze Region unter den neuen Bedingungen der Nach-Wendezeit ein groß angelegtes Jubiläum bewältigen würde.

Das beeindruckende Angebot von über 100 Veranstaltungen war über die ganze Region verteilt, mit Schwerpunkten in Chemnitz, Freiberg, Glauchau und Zwickau. Das Spektrum reichte von wissenschaftlichen Konferenzen über historische Ausstellungen, Vorträge und Musikveranstaltungen bis zu der anspruchsvollen Diskurs-Reihe „Renaissance 2000". Bildende Künstler brachten sich mit Wettbewerben, Mappen und Ausstellungen ein. Auch in die populäre Requisiten-Kiste griff man ausgiebig: So sorgte der Agricola-Schmaus oder das Agricola-Jubiläums-Pils für das leibliche Wohl – lediglich die Agri-Cola blieb uns erspart.

Besonders profitiert hat das Schlossbergmuseum Chemnitz, und zwar durch die EU-Finanzspritze für die rasche Fertigstellung der Gebäude, wie auch durch das gelungene Debüt im Leihverkehr der großen Museen. Die von der Stadt Chemnitz, dem Freistaat Sachsen und dem Land Nordrhein-Westfalen getragene Ausstellung „Bergwelten", war die Generalprobe für eine Sächsische Landesausstellung; die Chemnitzer Erfahrungen wurden von Beginn an in das Marienstern-Projekt eingebracht.

Von nachhaltigster Wirkung dürfte jedoch sein, dass in Chemnitz die Technische Universität, das Stadtarchiv, die Stadtbibliothek, das Schlossbergmuseum und der Geschichtsverein das „Agricola-Forschungszentrum" gegründet haben, dass die im Jubiläumsjahr geknüpften Verbindungen hält und durch seine Rundbriefe und Veranstaltungen festigt.

Dr. Thomas Schuler

*Mitarbeiterinnen
der Stadtverwaltung
Jachymow präsen-
tieren die ersten
Exemplare der
Agricola-Marken,
die im Agricola-
Jahr 1994 von der
tschechischen Post
herausgegeben
wurden*

*Restaurierte Büste
Agricolas, die am
Chemnitzer Markt-
platz wieder auf-
gestellt wurde*

207

1995

Aus Mosel kommen Volkswagen

Fünf Jahre nach der Gründung der sächsischen Volkswagen-Gesellschaften war der Durchbruch für den Automobilstandort Sachsen endlich in Reichweite. Bei einem Jubiläums-Festakt in den Werkhallen kündigte VW-Chef Ferdinand Piëch an, dass die Investitionen in Sachsen weitergehen. Zudem sollte künftig neben dem Golf auch der Passat vom Band rollen. Nachdem aufgrund der schwierigen Absatzsituation in der Automobilbranche die Investitionen in die VW-Standorte Mosel und Chemnitz jahrelang herausgezögert wurden, gab es wieder Hoffnung auf einen Aufschwung des Fahrzeugbaus in der Region. Die Jubiläumsfeier am 7. Dezember 1995 gab den Startschuss zu einer Aufholjagd. Damals produzierte die VW-Fabrik in Mosel lediglich 430 Autos am Tag. Knapp vier Jahre später erreicht die Tagesproduktion über 1100 Fahrzeuge.

In Mosel war die Freude groß. „Jetzt hat VW Sachsen die Chance, der Automobilstandort Nummer eins in Europa zu werden", meinte der Aufsichtsratsvorsitzende von VW Sachsen, Folker Weißgerber, euphorisch. In den Monaten zuvor hatte die Führungsmannschaft von VW Sachsen, mit Geschäftsführer Gerd G. Heuß an der Spitze, hart gearbeitet, um die Investitionen nach Südwestsachsen zu bekommen. Im konzerninternen Wettbewerb um den Bau des neuen Passat-Modells lieferte sich Mosel ein Kopf-an-Kopf-Rennen mit dem VW-Standort in Brüssel. Anfangs waren dabei die Karten schlecht verteilt, denn Brüssel konnte mit deutlich niedrigeren Arbeitskosten auf-warten. Doch zusammen mit der IG Metall wurde ein Aktionspaket zur Kostensenkung geschnürt, das sich schon bald als ein Bündnis für Arbeit erwies. „VW-Mosel beweist, dass wir nicht in den Trott westlicher Bundesländer verfallen dürfen", sagte bei der Jubiläumsfeier der sächsische IG-Metall-Chef Hasso Düvel. Die Zahl der Mitarbeiter wuchs innerhalb weniger Jahre auf über 6 000.

Mit der Entscheidung des Aufsichtsrats der Wolfsburger Volkswagen AG, den Passat auch in Mosel herzustellen, ging eine lange Zeit der Unsicherheit zu Ende. Anfang 1993 hatte der größte europäische Automobilkonzern seine Investitionspläne zeitlich gestreckt, nachdem der Automarkt stärkere Einbrüche erlebte. Der ursprünglich für 1994 vorgesehene Produktionsstart mit einer Kapazität von 250 000 Fahrzeugen im Jahr wurde immer wieder verschoben. Erst 1998 konnte eine entsprechende Jahresproduktion erreicht werden.

Der Durchbruch für Mosel gelang vor allem durch die beispielhafte Arbeitsorganisation. An dem VW-Standort wird besonders eng mit den Zulieferern zusammengarbeitet. Ganze Module, beispielsweise das komplette Cockpit, werden zeitgleich mit dem Bedarf in der Produktion an das Band geliefert. Dadurch sank die Fertigungstiefe auf rund 20 Prozent. Das Werk in Mosel wurde dadurch zum konkurrenzfähigsten deutschen VW-Standort.

Christoph Ulrich

Die neue „Schmiede"
von Golf und Passat
in Mosel

Gräfin Cosel und
August der Starke
schicken 1999 den
einmillionsten Volks-
wagen aus Sachsen,
einen Passat, auf die
Reise

209

1996

Das Fest der Feste in St. Wolfgang

Der Cranach-Altar war wieder aufgestellt, und mit einem Festgottesdienst enthüllte sich seine alte Schönheit. Freilich nicht ohne die Spuren des jahrhundertelangen Schicksals, sie wurden ihm bei der Restaurierung belassen. Raub und Zerstörung hatten im Altar der St.-Wolfgang-Kirche Schneeberg die Zeichen der Kriege eingetragen, die über dem Erzgebirge wüteten. Pfarrer Frank Meinel sprach von einem wundersamen Weg des Schneeberger Cranach-Altars durch die Geschichte. Nicht einmal hundert Jahre nach seiner Entstehung wurden im Dreißigjährigen Krieg die Bildtafeln des Altars von den Kaiserlichen Truppen geraubt, sie konnten wiedergefunden und nach Schneeberg zurückgebracht werden; wieder fünfzig Jahre später wurde der Altar unter barockem Schmuckbedürfnis in Einzelbilder zerstückelt; 1929 gar fielen die zwei Stifterbilder dem Verkauf anheim, auch sie kamen später durch Rückerwerb wieder. 1945 schließlich standen die restlichen Tafeln am Rande der totalen Vernichtung beim Tieffliegerbeschuss und der Zerstörung der Kirche.

Um das jahrhundertelang wechselvolle Schicksal der St.-Wolfgang-Kirche zu Schneeberg hatte sich 1996 ein Kreis geschlossen, der den langwierigen und sehr schwierigen Wiederaufbau des Gotteshauses umreißt. Bis auf die neue Orgel, die 1999 geweiht wurde, stand die Kirche der Gemeinde nun in alter und neuer Schönheit wieder zur Verfügung. Manche Kunsthistoriker sprechen von vollendeter Spätgotik. Und bei allen Veränderungen, die im Verlaufe der Jahrhunderte vorgenommen wurden,

bis zur beinahe völligen Vernichtung in den letzten Tagen des Zweiten Weltkriegs, die St.-Wolfgang-Kirche zu Schneeberg ist in heutiger restaurierter Gestalt ein Kleinod deutscher Baukunst geblieben.

Aber was wäre eine prächtige Kirche ohne das innere Leben der Gemeinde mit ihren vielen Gästen, die ja oft auch nach Schneeberg kommen. Das Besondere bergmännischer Gepflogenheiten prägte sich hier in Schneeberg wiederum mit unverwechselbaren Bräuchen aus, u. a. mit dem prächtigen Aufzug bei den Bergstreittagen mit dem Festgottesdienst zu St. Wolfgang.

Aber das Schönste, das Einmalige ist wohl doch die Christmette in der Heiligen Nacht, wenn ganz in der Frühe die Schneeberger aus allen Gassen und von allen Plätzen hinaufziehen zur Kirche, jeder mit seinem Berggeleucht, wenn aus dem Turm heraus die Schneeberger Turmmusik erschallt, das Turmsingen aus hunderten Kehlen erklingt und anschließend in der großen lichterstrahlenden Hallenkirche sich alles versammelt zum Mettengottesdienst. Das ist nie aufgegeben worden, auch nicht in der provisorisch in Stand gesetzten St.-Wolfgang-Kirche, oft bei schneidendem Frost – die Christmette in der Frühe des Weihnachtstages blieb das Fest der Feste, in dem sich erzgebirgische Bergmannsweihnacht am originellsten ausdrückt. Dieses Fest und diese Kirche, sie sind miteinander verschmolzen.

Reinhold Lindner

210

*Die neue Orgel
in der Kirche
St. Wolfgang in
Schneeberg war
der letzte große
Orgelbau für eine
sächsische Kirche
in diesem Jahr-
hundert.
Mit 46 Registern
und 4000 Pfeifen
hat das Instrument
einen hervorragen-
den Klang*

211

1997

Sieben neue Brücken

Das Kreischen der Motorsäge verriet: Hier waren Menschen dabei, ihr zerstörtes Heim wieder aufzubauen. Mit ihnen wollte ich reden. „Wir bauen nicht auf, wir reißen ab" – fast emotionslos klärt Alois Vávra den Irrtum auf.

Holčovice im Sommer 1997. Das kleine Dorf am Fuße des Altvatergebirges hatte ein Inferno hinter sich. Lang anhaltende Regenfälle verwandelten in der Nacht zum 6. Juli das sonst so idyllische Flüsschen Zlata Opava in einen reißenden Strom, der eine Spur der Verwüstung hinterließ. Acht Familien verloren alles, ihre Häuser wurden von der Flutwelle mitgerissen. 18 Brücken waren zerstört, tagelang hatte die Gemeinde keinen Strom, kein Trinkwasser, Straßen und das Flussbett waren demoliert. Dass keine Menschenleben zu beklagen waren, grenzte an ein Wunder.

Mehr durch Zufall erfuhren wir in der Redaktion der „Freien Presse" von der Tragödie im fernen Holčovice. Wir wollten helfen. Aber auch im Oderbruch hatten verheerende Unwetter für eine Katastrophe gesorgt. Und in ganz Deutschland liefen Spendenaktionen für die Menschen dort. Würden die Leser der nicht lieber den Notleidenden im eigenen Land helfen? Am 9. August riefen wir auf, im Rahmen der Aktion „Leser helfen" das kleine Dorf zu unterstützen.

Voller Unruhe warteten wir auf die ersten Kontoauszüge der Sparkasse. Würde unser Aufruf Gehör finden? Wir trauten unseren Augen nicht: Bereits am 14. August konnten wir vermelden: Über 100 000 Mark beträgt das Spendenkonto für Holčovice. In nur fünf Wochen spendeten die Leser über 1,1 Millionen Mark. Autokonvois machten sich mit Sachspenden auf den Weg ins Mährische. Empfangen wurden sie von fassungsloser Dankbarkeit für die Hilfe aus dem Nachbarland.

Menschlichkeit und Hilfsbereitschaft, das spürten wir auch in zahlreichen Leserbriefen, machen vor Ländergrenzen nicht halt. „Wir hatten schon immer gute Verbindungen zu den Menschen in Tschechien", schrieb beispielsweise Gerhard Feldmann aus Scharfenstein. „Oft haben wir dort unseren Urlaub verbracht und die Leute schätzen gelernt. Und weil wir denken, dass gerade in Holčovice nicht ganz so viel wie im Oderbruch für die Opfer getan wird, hat sich unsere Familie entschieden, den Beitrag dorthin zu überweisen." .

Fast auf den Tag genau ein Jahr nach der Flutkatastrophe fuhren wir noch einmal nach Holčovice. Dieser Besuch hat uns überzeugt: Jede Mark der Spendengelder war nutzbringend angelegt worden. Ein Teil des Geldes war für das Beschaffen und Auftragen von Mutterboden verwendet worden, sieben Brücken waren fertiggestellt, der Bau der Gasleitung stand vor dem Abschluss. Auch eine neue Straße gibt es in Holčovice. „Hochwasserstraße" nennen sie die Leute, obwohl sie so weit weg vom Fluß liegt. Dort haben jene ein neues Zuhause gebaut, deren Häuser die Flut vernichtet hatte. Auch Familie Vávra.

Ute Krebs

CHRONIK

In Prag wird die deutsch-tschechische Aussöhnungserklärung unterzeichnet

An den Deichen der Oder kommt es zu einer Hochwasserkatastrophe und zum größten zivilen Katastropheneinsatz nach 1945

Wirbel um die Mercedes A-Klasse: Beim „Elch-Test" kippt der Kleinwagen um

Jan Ulrich gewinnt als erster Deutscher die Tour de France

212

Im Juli 1997 suchte eine unheilbringende Flutwelle das mährische Holčovice heim. Viele Häuser sind ganz verschwunden, beziehungsweise abbruchreif

213

1998

Stadt der Einkaufscenter

CHRONIK

Das Monopol der Telekom fällt

Bundestag billigt den großen Lauschangriff

In Eschede fordert eine ICE-Katastrophe 101 Menschenleben

Die Potenzpille Viagra kommt auf den deutschen Markt

In Baden Baden wird das größte Opernhaus Deutschlands eröffnet

Theater Plauen feiert seinen 100. Geburtstag

Hans Joachim Kulenkampff – einer der beliebtesten Fernseh-Entertainer – stirbt 77-jährig

Da wo heute dem Konsum gefrönt wird, flossen einst Ströme von Blut. Auf dem Gelände am Thomas-Mann-Platz in Chemnitz stand reichlich 100 Jahre der Schlachthof, in dem wohl Millionen Schweine und Rinder zu Wurst verarbeitet wurden. Im Frühjahr 1998 erinnert freilich nichts mehr an die blutige Vergangenheit des Geländes. Wurst und Fleisch gibt es hier immer noch, nun abgepackt – in durchsichtiger Folie oder frisch von der Fleischertheke. Aus einer hässlichen Industriebrache ist ein Einkaufstempel amerikanischen Zuschnitts geworden, wie er für die neuen Bundesländer beinahe typisch ist. Aber eben nur beinahe. Denn die Sachsen-Allee, so der etwas großspurig ausgefallene Name des Shopping-Centers, entstand nicht auf der „Grünen Wiese". Dem Bau ist zudem anzusehen, dass den Architekten ein gewisser Spielraum gelassen wurde.

Einhellige Zustimmung wurde der 200-Millionen-Investition, die fast 1 000 Menschen Lohn und Brot gibt, jedoch nicht zuteil. Denn zur offiziellen Eröffnung der Allee mit einer Netto-Verkaufsfläche von 32 000 Quadratmetern am 15. Oktober 1997 gab es bereits das große Chemnitz-Center vor den Toren der Stadt, da gab es den nicht minder beeindruckenden Neefe-Park am südwestlichen Ende von Chemnitz, und auch das Alt-Chemnitz-Center im Süden bot alles, was der Verbraucher meint, zum Leben unbedingt haben zu müssen. Hinzu kamen Pläne für die Innenstadt, welche ebenfalls zu einem Einkaufsparadies umgebaut werden sollte, und auch die Bewohner des Heckert-Gebiets bekamen schließlich ihre eigene große Shopping-Meile.

Kleine Läden haben es in der Stadt der Einkaufscenter schwer. Zwei Drittel des Einzelhandels realisieren sich hier, weiß der Center-Manager der Sachsen-Allee, Werner Kohley, ohne den Hauch eines Bedauerns in der Stimme zu berichten. Im Schnitt kommen täglich 15 000 bis 18 000 Menschen in die 85 Geschäfte und Märkte, in Spitzenzeiten sind es auch schon mal 30 000. 250 Millionen Mark im Jahr bleiben in den Kassen. „Verkehrsgünstig, kompakt und kurze Wege" – dies mache die Attraktivität der Allee aus, die durchaus auch mit einem Superlativ glänzt, betont Kohley. Die Sachsen-Allee hat das größte zu öffnende Glasdach eines Shopping-Centers in Europa.

Ob mit Glasmonster oder ohne, die Besucher wollen umworben werden. Oldie-Nacht, Country- und Truckerfest oder Sport-Events wie die Trimmiade (eine mutige Wortschöpfung aus Trimm Dich und Olympiade) sollen da alles bewirken. Gerne würden die Leute solche Aktionen annehmen, obgleich sie – da macht sich der Center-Manager nichts vor – in erster Linie natürlich zum Einkaufen kommen. Die „blutige Vergangenheit" des Standorts scheint längst vergessen. Und selbst jedem Marketing-Laien wird schnell klar, warum die Sachsen-Allee so heißt, wie sie heißt, und nicht etwa „Schlachthof-Allee".

Maurice Querner

214

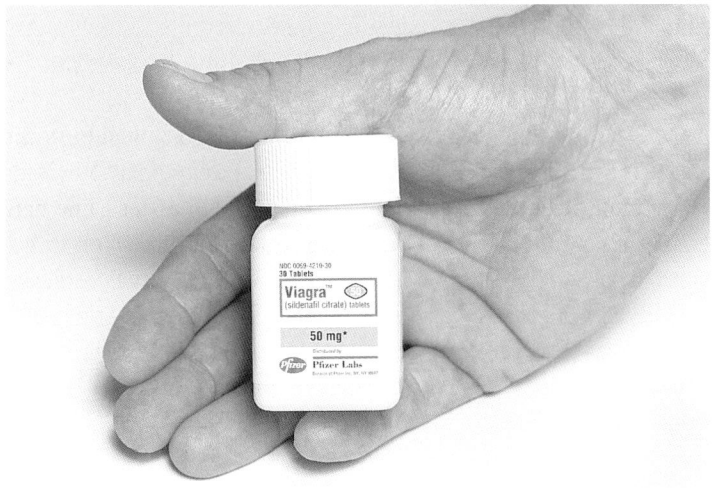

*Mit dem Einkaufs-
zentrum „Sachsen-
Allee" hat die
Chemnitzer Innen-
stadt an Attraktivität
gewonnen*

*Männerthema 1998:
Das Potenzmittel
Viagra wird seit
September 1998
auf Krankenschein
auch in Deutschland
angeboten*

1999

Expo-Projekt auf Schienen

CHRONIK

Deutsche Truppen beteiligen sich im Rahmen der NATO am Kosovo-Krieg gegen Serbien

Polen, Tschechien und Ungarn werden in die NATO aufgenommen

Mit der Einführung des Euro am 1. Januar gilt für 290 Millionen Menschen in der EU nun eine Währung

Zu seiner ersten Sitzung im Reichstag tritt das Parlament zusammen

In Berlin stirbt 82-jährig der Geiger und Dirigent Yehudi Menuhin, Mentor des Festivals Mitte Europa in Bayern, Böhmen und Sachsen

Da staunten selbst hartgesottene Zwickauer wie ehemalige Steinkohlenkumpel oder „Trabant"-Bauer nicht schlecht: Am 28. Mai 1999 rollte ein Zug mitten in die Stadt! Es war ein Regio-Sprinter der Vogtlandbahn, der bis ins Zentrum fuhr. Das weiß-grün lackierte Regionalfahrzeug absolvierte vom vogtländischen Klingenthal aus bis in die Westsachsenmetropole seine Jungfernfahrt, was natürlich mit einem zünftigen Stadtfest gefeiert wurde. Mit dem Fahrplanwechsel der Deutschen Bahn AG wurde dann am 30. Mai dieses Jahres der regelmäßige Fahrbetrieb aufgenommen. Damit hatten der Freistaat Sachsen, die Bahn AG, der Vogtlandkreis, die Stadt Zwickau und weitere Initiatoren eine kühne Idee ins Rollen gebracht: Die Regionalbahn verbindet nun das Zwickauer Zentrum direkt mit dem sächsischen Vogtland. Schnell mal vom Musikwinkel in die Westsachsenstadt zum Einkaufen oder Bummeln, aber auch fix raus aus der Stadt und hin zu den touristischen Kleinoden der waldreichen Region – und alles ohne Umsteigen, bequem und sicher, ohne Stau und Stunk, so geht das. Damit das Vorhaben Wirklichkeit werden konnte, wurde ein ehemaliges Industriegleis vom Zwickauer Hauptbahnhof bis zum Glück Auf-Center im Stadtteil Schedewitz wiederbelebt. Gleichzeitig erhielt die Strecke ab dem Center bis zum Studentenwohnheim Innere Schneeberger Straße eine neue Straßenbahntrasse. „Welcher andere Campus in Deutschland hat schon einen Bahnhof vor der Haustür?" freuen sich die Studenten. Über 80 Firmen, vorwiegend aus Sachsen und Thüringen, haben daran mitgewirkt, dass eine deutschlandweit bislang einmalige Variante realisiert wurde: Von der Deutschen Bahn zugelassene Fahrzeuge verkehren erstmals auf innerstädtischen Straßenbahngleisen. Möglich macht dies ein spezielles Drei-Schienen-Gleis, das von Regiosprinter und Straßenbahn trotz unterschiedlicher Spurweite gemeinsam genutzt werden kann. Der über 100-jährigen Straßenbahngeschichte in Zwickau wurde ein neues, bedeutendes und spannendes Kapitel hinzugefügt. Die Parallelen sind frappierend: Die erste elektrische Straßenbahn Sachsens schaukelte am 6. Mai 1894 in Zwickau auf der Strecke Hauptbahnhof-Hauptmarkt entlang. Und die Inbetriebnahme der Straßenbahn-/Regionalbahnstrecke am 28. Mai 1999 stellt sogar eine Einmaligkeit weit über die Grenzen des Freistaates hinaus dar.

Somit könnte bald der reguläre grenzüberschreitende Schienenverkehr aufgenommen werden und die Euroregion Bayern–Sachsen–Thüringen rückt damit ein weiteres Stück zusammen. Sicher auch diese internationale Entwicklung des Öffentlichen Personennahverkehrs (ÖPNV) im Blick, bezeichnete der sächsische Ministerpräsident Kurt Biedenkopf den Zug als Euregio-Sprinter. Als Bestandteil der Expo 2000 hat dieses flexible Verkehrssystem nach seinen Worten europaweite Bedeutung. Und das wiederum freut auch die Zwickauer.

Anita Eichhorn

Auch das gehört
zum Jahr 1999:
Ein schweres
Unwetter suchte
am 6. Juli 1999 den
Mittleren Erzge-
birgskreis heim.
Über 100 Liter
Wasser pro Qua-
dratmeter in einer
Stunde haben das
Flüsschen Pockau
in einen reißenden
Strom verwandelt,
der alles mitnahm,
was sich ihm in den
Weg stellte

Der Regio-Sprinter
– ein Projekt für die
Expo 2000 –
verbindet seit dem
28. Mai 1999 das
Zwickauer Zentrum
mit dem sächsi-
schen Vogtland

217

2000

Statt eines Nachwortes

Magier, das wäre der Traumberuf. Mit der Kraft des eigenen Willens die Welt verändern. Bestimmen, was geschehen wird. Das Glück in der eigenen Hand formen. Keine Fragen haben beim Wechsel zu der Zwei mit den drei Nullen. So aber rätseln wir, was das nächste Jahr, das nächste Jahrhundert, das nächste Jahrtausend bringen werden.

Der 30. Dezember interessiert uns nicht. Auch nicht der 2. Januar. Jene logische Sekunde zwischen 24 und 0 Uhr ist es – eine Sekunde Vergangenheit und Zukunft zugleich. Vergangenheit, in der vorn an der Jahreszahl fast tausend Jahre eine 1 stand. Und Zukunft, in der nun für voraussichtlich tausend Jahre eine 2 stehen wird. Dabei gibt es Menschen seit Millionen Jahren. Und eine neue Zeitrechnung gibt es auch nicht. Christus ist schon geboren. Vor 2000 Jahren in einem Ort, der Bethlehem heißt. Und heute palästinensisches Hoheitsgebiet ist.

Manche unserer Vorfahren im Miriquidi des Jahres 999 ließen sich von Missionaren sagen, das jüngste Gericht stünde bevor, und hatten Angst. Viele hörten es nicht und scherten sich so wenig darum, wie wenn sie gewusst hätten, dass Miriquidi einmal Erzgebirge heißen würde. Manche unserer Großeltern zwischen Adorf und Zschopau, zwischen Rochlitz und Oberwiesenthal kleideten sich an Silvester 1899 fein. Um Mitternacht stießen sie mit einem Schlückchen Sekt auf das neue Jahrhundert an. Auf dass es Glück bringe. Andere hatten das Geld nicht dazu. Aber auch sie wünschten sich Glück.

Was das Jahrhundert den Menschen im Vogtland und im Erzgebirge gebracht hat und was sie daraus gemacht haben, das steht in diesem Buch. Ausgewählt nach einem Kanon der Wichtigkeit, der in hundert Jahren ganz andere Paragraphen haben wird. Ob unsere Nachfahren noch an die DDR und die BRD und die Mauer denken? 2054 sind diejenigen 55 Jahre alt, die zur Jahrtausendwende geboren werden. Wer von den heute 55-jährigen denkt noch an den Zweiten Weltkrieg?

Vorwärts also. Kluge Leute sagen uns, mit der Industriegesellschaft ist es vorbei, wir seien jetzt die Kommunikationsgesellschaft. Sie sprechen (ängstlich?) von Wissens-Eliten, die herrschen werden. Noch nie gab es so viel Wissen auf der Erde, und noch nie wusste der einzelne so wenig davon. Es sei so. High-Tech von heute ist morgen ein alter Hut. Kreieren wir neue, und setzen wir sie uns auf, wie es – beneidet – die Sachsen seit Jahrhunderten tun. Spekulieren wir nicht, was kommt.

Freuen wir uns auf das, was bleibt. Wer alt wird, kann gar hundert Geburtstage feiern. Ebenso viele Winter wird er erleben mit Räuchermännchen und Pyramiden, die schöner werden, je älter sie sein werden. Er wird Johann Sebastian Bachs d-moll-Toccata hören auf der Silbermann-Orgel im Freiberger Dom, sie wird so frisch klingen wie vor 300 Jahren. Er wird die Farben des Cranach-Altars in der Schneeberger St.-Wolfgang-Kirche bewundern und Klitscher und griene Kließ essen wie schon sein Urgroßvater. Und wenn sie zubereitet sind nach dem Rezept, das heute schon hundert

218

Jahre alt ist, werden sie auch in hundert Jahren noch so gut schmecken.

Glücklich sein wird er und sich wohl fühlen, wenn er gar nicht merkt, dass er Glück hat. Dass es ihm und seiner Familie gut geht, dass Frieden ist, dass seine Kinder mehr wissen als er. Er wird mit Freude Erzgebirger bleiben, Vogtländer oder Muldentaler – auch wenn er im Internet zu Hause ist, Europäer heißt, Weltbürger ist.

Er wird nicht virtuell, sondern (hoffentlich) in einem Haus leben, das der Enkel stolz dem Fremden zeigen wird: So schön haben die vor hundert Jahren gebaut. Haben wir aus der Sicht unserer Enkel mehr gekonnt als unsere Großeltern?

Tempora mutantur – die Zeiten ändern sich, und wir mit ihnen. Vielleicht zum Besseren? Drücken wir uns die Daumen. Mehr bleibt nicht. Leider sind wir keine Magier.

Chemnitz, im August 1999
Johannes Schulze

Bildverzeichnis

AKG Pressebild Berlin: Seite 77

Archiv Freie Presse: Seiten 12, 23, 29, 33, 41, 43,
47, 51, 53, 55, 59, 61, 63, 67, 69, 71, 75, 79, 85,
87, 91, 93, 95, 97, 99, 101, 103, 107, 109, 113,
115, 117, 119, 121, 125, 127, 131, 139, 145,
149, 151, 153, 155, 159, 161, 163, 165, 167,
171, 177, 183, 185, 195, 201, 205, 207,

Bellmann, Holger: Seite 189

Bildarchiv Jacobi, Addi: Seite 77

Bild und Heimat: Seite 41

bpk: Seiten 105, 155

Bucharchiv Walther, Klaus: Seiten 10, 73, 107

Burkhardt, Jochen: Seite 61

Carl Hansen Verlag: Seite 101

DHM Pressestelle: Seite 173

Ebert, Wolfgang: Seiten 37, 39, 57, 81, 89, 129,
165, 181, 187, 197, 199, 205

Farkas, Laszlo: Seite 179

Georgi, Christoph: Seiten 5, 8, 9, 12, 35, 135

Heimatkundemuseum Oederan: Seite 143

Industriemuseum Chemnitz: Seite 83

Judefeind, Andreas: Seite 105

Kinderbuchverlag Berlin: Seite 45

Kretschel, Andreas: Seite 43

Meier, Gerd: Seite 137

MultiArt Pressefoto: Seite 157

Nötzold, Frank: Seite 71

Photostudio Leipzig: Seite 137

projekt photos: Seite 3

Schmidt, Wolfgang: Seiten 4, 6, 7, 13, 21, 55, 63,
75, 109, 141, 169, 175, 185, 189, 203, 207, 213

Schenke, Frank: Seite 11

Seidel, Andreas: Seiten 29, 191

Schlossbergmuseum Chemnitz: Seite 175

Stadtarchiv Chemnitz: Seiten 6, 35, 91, 171, 179

Südverlag Konstanz: Seite 25

Thieme, Wolfgang: Seiten 19, 21 (unten), 49, 111,
123 (oben), 133 (unten), 147 (oben), 157 (oben),
197 (oben), 203 (links), 209 (unten), 211,
215 (oben), 217 (links)

VG Bild und Kunst: Seite 39

Vogtlandbibliothek Plauen: Seite 73

Wagner, Karl: Seite 181

Wuschanski, Dieter: Seiten 37, 65

Schutzumschlag:

Archiv Freie Presse: 11 Bilder

Ebert, Wolfgang: 3 Bilder

Gläser, Eberhard: 1 Bild

Mann, Uwe: 1 Bild

Meier, Gerd: 1 Bild

Schmidt, Wolfgang: 3 Bilder

Stadtarchiv Chemnitz: 1 Bild

Thieme, Wolfgang: 3 Bilder

Für einige Bilder waren die Urheber trotz
Bemühungen nicht aufzufinden. Berechtigte
Ansprüche werden selbstverständlich vom
Verlag honoriert.